ALESSANDRO LATTORE

El Oficio del Silencio

Guía Iniciática para el Aprendiz Masón

MAC DUIR
PUBLISHING

Primera edición: Octubre de 2025
ISBN: 979-1282373-06-7
Copyright © 2025 Mac Duir Publishing
Editado por Editorial Mac Duir Publishing
www.macduir.com info@macduir.com
Todos los derechos reservados. Bajo las sanciones establecidas en el ordenamiento jurídico, queda rigurosamente prohibida, sin autorización escrita de los titulares del copyright, la reproducción total o parcial de esta obra por cualquier medio o procedimiento, comprendidos la reprografía y el tratamiento informático.

*A todos los Aprendices,
que bajo el peso del silencio buscan la Voz de la Piedra.*

*A quienes golpean la materia de su alma con mazo y cincel,
a quienes en la oscuridad guardan la fe en la Luz,
a quienes, aun sin palabras, saben orar con sus manos.*

Que este libro sea una lámpara discreta en vuestro taller interior.

Bajo la bóveda celeste, en fraternidad eterna.

ÍNDICE

13. Introducción – El Umbral y la Piedra
1. El silencio del Norte
2. La iniciación como recuerdo eterno
3. El templo invisible en el corazón
4. Método y vocación del Oficio
5. El juramento interior: la palabra que se graba en el alma

31. Capítulo I – La Piedra Bruta: El Alma Antes de la Obra
1. La materia no tallada – símbolo del Caos primordial
2. El Aprendiz como piedra viviente
3. Alquimia interior: Nigredo y potencial oculto
4. El Golem interior y la chispa divina
5. Ejercicio: visualización de la forma secreta

49. Capítulo II – El Mazo y el Cincel: Herramientas del Fuego Interno
1. Mazo: voluntad activa del espíritu
2. Cincel: palabra afilada y discernimiento
3. Dualidad operativa: fuerza y precisión
4. El Arte de no romper: la ética del constructor
5. Meditación: trabajar sin destruir

67. **Capítulo III – La Escuadra: La Ley de la Manifestación**

1. Geometría sagrada: el descenso del Espíritu
2. Rectitud, medida y estructura interior
3. Correspondencias con la Cábala y el Tarot
4. Ejercicio: trazar el ángulo recto en el alma

81. **Capítulo IV – La Venda: Oscuridad antes de la Luz**

1. El símbolo del velo iniciático
2. Daath y el no-saber fértil
3. El silencio como alquimia de la percepción
4. Meditación: ver en la oscuridad

95. **Capítulo V – La Luz: Primer Destello del Espíritu**

1. La Luz simbólica y la Luz astral
2. El fuego del alma y el despertar de la conciencia
3. La antorcha interior: Tipheret como revelación
4. Ejercicio: recibir la luz desde dentro

109. **Capítulo VI – Las Columnas: B y J, Guardianes del Umbral**

1. Las dos columnas del Templo y su origen bíblico
2. Geburah y Chesed: la polaridad sagrada
3. El equilibrio en el sendero del Aprendiz
4. Ejercicio: meditación entre las columnas

123. **Capítulo VII – El Pavimento Mosaico: Camino entre las Polaridades**

1. Blanco y negro: el drama de la dualidad
2. Elección consciente y voluntad equilibrada
3. La tercera vía: andar el gris invisible
4. Ejercicio: caminar el mosaico interior

135. **Capítulo VIII – El Centro Sagrado y el Egrégor: Corazón y Espíritu del Templo**

1. El centro como altar interior y vibración secreta
2. El Egrégor: conciencia colectiva y vibración compartida
3. La ofrenda interior: dar sin esperar
4. Meditación: encender el Ara del corazón sin revelar lo velado

147. **Capítulo IX – El Delta Radiante: El Ojo que Todo lo Ve**

1. El triángulo como forma divina
2. El Ojo como símbolo de conciencia testigo
3. Ternario creador: Voluntad, Amor, Inteligencia
4. Ejercicio: contemplar desde el vértice

159. **Capítulo X – La Cámara de Reflexión: Muerte Simbólica y Renacimiento**

1. El sepulcro como matriz de transformación
2. Sal, Azufre y Mercurio: la triada interior
3. El espejo oscuro: confrontar la sombra
4. Meditación: renacer desde el silencio

171. **Capítulo XI – El Silencio Operativo: Voz Invisible del Oficio**
1. El Silencio como Lenguaje Sagrado
2. El Silencio del Constructor: trazar sin decir
3. El Silencio Iniciático: Custodios de Misterios
4. El Silencio Transfigurado: El Verbo que no necesita Forma

189. **Epílogo – El Silencio Iluminado**
1. El Oficio como camino eterno
2. Más allá del grado, la vocación interior
3. La piedra que regresa al Templo
4. La Palabra Perdida y el Silencio Hallado
5. El aprendiz que nunca deja de serlo

     Apéndices
201. A. Glosario Esotérico del Aprendiz
207. B. Tabla de Correspondencias Herméticas
209. C. Meditaciones y Trabajos Prácticos
213. D. Lecturas Recomendadas

Nota del Autor

He recorrido muchos senderos, hermano lector. Algunos fueron de piedra y fuego, otros de sombra y silencio.

En uno de esos senderos, cuando el bosque era templo y el viento maestro, fui conocido como **Ailun Mac Duir**.

No hallarás aquí secretos reservados, pues esos sólo se reciben en logia; hallarás, sí, símbolos, meditaciones y luces veladas, que quizá despierten en ti el eco de algo que siempre supiste.

Que el Gran Arquitecto del Universo guíe tus pasos.

En la cadena sin fin de los constructores del espíritu, quedo a tu servicio:

ALESSANDRO LATTORE

Introducción

El Umbral y la Piedra

El silencio del Norte

El Norte, para el Aprendiz que cruza por primera vez el umbral del Templo simbólico, no es simplemente un punto cardinal. Es un arquetipo, una región del alma, un estado interior donde la palabra se extingue y la contemplación comienza. Las tradiciones antiguas siempre han asociado el Norte con la noche perpetua, con la región donde el Sol no se eleva. En las antiguas cartas estelares de los druidas, el Norte era el lugar del misterio, de lo inexplorado, de lo velado. Era también el sitio de los juramentos silenciosos, aquellos que no necesitan testigos porque el propio cosmos los escucha.

Cuando el Aprendiz se sienta en el Norte, aprende el lenguaje de la quietud. Allí no se habla, porque todo lo que se dice sería un ruido vano. Allí se aprende a escuchar los latidos ocultos de la propia piedra interna. En el Norte se calla para oír, se oscurece para ver, se inmoviliza para comprender el movimiento sutil de las esferas interiores.

La simbología de este silencio no es punitiva, no es ausencia de enseñanza; es la enseñanza misma, envuelta en su manto de niebla. El iniciado, al sentarse en el Norte, se encuentra como la piedra bruta que aguarda la primera chispa del mazo. Es todavía un caos potencial, una materia sin forma, pero ya situada en el espacio sagrado donde el Arte Real se despliega. El Norte es el taller interior donde el tiempo se suspende.

En las antiguas doctrinas herméticas, se enseñaba que el verdadero aprendizaje comienza cuando el buscador se sumerge en el *nigredo*, la oscuridad de la materia prima. "El silencio del Norte", decían los alquimistas, "es el horno donde el plomo del alma comienza a transmutarse". En esa oscuridad se forja el temple del Aprendiz, se desarrolla su paciencia, se aviva su intuición.

El Norte también es el lugar donde se guarda el *misterium tremendum*: esa sensación de lo sagrado que sobrecoge y fascina. Allí, la palabra no basta, y el espíritu se estremece ante la proximidad de lo eterno. El Aprendiz siente que algo lo observa, algo que no tiene nombre pero que lo mide y lo inspira.

En la Kabbalah, el Norte se asocia con *Gevurah*, la fuerza contenida, el rigor que limita para permitir la forma. No hay crecimiento sin un cierto rigor, sin un orden que constriña y modele. El silencio del Norte es ese rigor: callar cuando se quiere hablar, esperar cuando se desea actuar, observar cuando se ansía participar.

El Maestro antiguo decía al nuevo iniciado: "No temas al silencio; es la matriz de toda palabra verdadera". Así, el Aprendiz aprende que sus pensamientos deben ser pesados antes de ser pronunciados, que cada idea debe ser tallada antes de ser compartida. En el Norte, cada palabra que no se dice es una piedra colocada en el Templo interior.

Muchos buscadores han confundido este silencio con vacío, y han abandonado antes de tiempo, anhelando discursos, libros, voces que llenen la cámara interior. Pero el verdadero Oficio es distinto: pide silencio para que el Logos pueda manifestarse. Las tradiciones druídicas, de donde proviene mi nombre antiguo Ailun Mac Duir, sabían que el druida guardaba largas temporadas de silencio en el bosque, escuchando el rumor de los árboles y el canto de las aguas, hasta que la palabra justa brotaba como brote de roble.

Imagina al Aprendiz en el Norte como una semilla en la tierra oscura. Todo parece quieto, pero en lo profundo ya se gesta la raíz. Las lluvias de meditación y los vientos de intuición la nutren, y un día, sin aviso, rompe la cápsula y asoma al mundo. Esa semilla eres tú, hermano lector, si aceptas este silencio como tu primera lección.

En este primer paso, no te pido comprender, sino permanecer. No te pido que hables, sino que respires y contemples. El silencio del Norte es un Oficio en sí mismo: aprender a convivir con el misterio sin domesticarlo, honrar el enigma sin profanarlo.

Si hoy tomas este libro, considera que te sientas conmigo en el Norte simbólico. Dejemos que la noche nos envuelva y que el rumor de las palabras internas comience a brotar sin prisa. Hay secretos que no se escriben ni se pronuncian, pero que el silencio transmite a quienes saben escuchar.

La iniciación como recuerdo

El acto de iniciarse no es un suceso aislado, sino el eco de un juramento anterior, el redescubrimiento de una verdad que ya habitaba en lo profundo del alma. Cuando un Aprendiz cruza el umbral del Templo simbólico, no está simplemente entrando en un lugar nuevo: está regresando a un espacio que de algún modo siempre le perteneció. La iniciación es, ante todo, un recuerdo. Pero no un recuerdo común, sino un recuerdo que involucra todas las fibras del ser, desde las más densas hasta las más sutiles. Es un recordatorio de que somos más que materia; somos memoria viviente de un plan divino que nos precede y nos trasciende.

Las antiguas tradiciones, desde las escuelas pitagóricas hasta los druidas que custodiaban los bosques sagrados, hablaban de la preexistencia del conocimiento. Decían que el alma, antes de descender a la carne, bebía de la fuente de la Sabiduría y luego olvidaba. Todo aprendizaje verdadero es una reminiscencia, un arte de recordar lo que ya somos. Platón lo llamaba *anamnesis*. El Rito lo honra a través de símbolos que despiertan memorias dormidas. Cada símbolo que contemplamos, cada palabra velada que escuchamos, actúa como una llave que abre cámaras olvidadas de nuestro ser.

En el instante de la iniciación, algo en el interior se conmueve como si hubiera escuchado un canto conocido. Esa sensación de familiaridad no viene del mundo profano sino de una vida espiritual anterior, de un linaje invisible que sostiene la cadena de los constructores del espíritu. El Aprendiz descubre que no está comenzando desde cero: está desenterrando su propia historia sagrada. Allí, bajo la mirada de quienes han guardado estos misterios por siglos, siente que el tiempo se pliega sobre sí mismo y que su vida se entrelaza con todas las vidas que han transitado el sendero antes que él.

Cuando el mazo resuena y el cincel hiere la piedra, no se trata solo de la obra externa, sino de la evocación de gestos ancestrales. El iniciado recuerda sin palabras que su vida es una obra inacabada, que ha tallado antes y volverá a tallar, hasta alcanzar la forma que el Gran Arquitecto concibió desde el principio. Esta intuición lo llena de humildad, pues comprende que su arte no es suyo, sino heredado de un taller eterno. Cada golpe de mazo, cada rasgo del cincel, es también un diálogo silencioso con aquellos que desde otras épocas participaron de la misma Gran Obra.

Muchos sienten un estremecimiento al escuchar por primera vez los símbolos. No porque sean nuevos, sino porque despiertan ecos antiguos. El triángulo, la escuadra, el mazo: todos ellos son llaves de memorias que no caben en un solo ciclo vital. En el momento en que los contempla, el Aprendiz percibe que está devolviendo a su alma un lenguaje que siempre le perteneció. Es como reencontrarse con una canción olvidada que, al sonar, despierta lágrimas sin causa aparente, solo la certeza de haber vuelto al hogar.

En la Kabbalah se enseña que cada alma guarda en su interior las letras de la Torá grabadas con fuego. Al descender al mundo, esas letras se dispersan, y la vida se convierte en la tarea de volver a reunirlas. Así también, la iniciación es un proceso de reunir símbolos dispersos, de volver a trazar en el corazón las figuras sagradas que un día ya supimos leer. Cada ceremonia es un acto de escritura interior, una caligrafía sagrada en la que volvemos a escribirnos a nosotros mismos.

No te extrañe, hermano lector, si al avanzar en estos caminos sientes destellos de recuerdos que no pertenecen a esta vida. Tal vez estés recordando noches de silencio entre columnas antiguas, o cantos bajo la luna en los círculos de piedra. Tal vez tus manos ya blandieron herramientas invisibles en otros tiempos. Tal vez tus ojos contemplaron antes las mismas luces, los mismos velos, los mismos misterios. Esa es la gracia de la iniciación: no solo abre una puerta hacia adelante, sino también una ventana hacia atrás, revelando que el sendero siempre estuvo ahí, aguardando tu paso.

Aceptar este recuerdo es aceptar también la responsabilidad. No es un simple deleite en lo místico; es un compromiso con el Oficio, porque lo que se recuerda debe volver a practicarse. Si el alma fue talladora de templos en otras eras, hoy debe volver a tallar, sin importar las circunstancias del mundo profano. El Aprendiz que recuerda se convierte en un constructor consciente, alguien que no solo actúa sino que honra cada acto como parte de una cadena infinita de constructores.

Cuando te adentras en estas enseñanzas, recuerda que no es el papel lo que contiene el secreto, sino la resonancia que despierta en ti. Hay quienes leen páginas enteras y no escuchan nada, y hay quienes leen una sola frase y sienten que algo se enciende. Esa chispa es el verdadero tesoro, el hilo de oro que conecta tu presente con tu origen eterno.

Imagina por un instante que cada gesto ritual que observas es la sombra de un gesto mucho más antiguo, realizado por manos que ya no existen en este mundo pero que siguen obrando a través de ti. Imagínate en un círculo de piedras donde los druidas trazaban signos en el aire mientras recitaban palabras que la tierra escuchaba. Visualiza cómo ese mismo impulso llega hoy a ti, disfrazado de símbolos modernos, pero con el mismo poder de antaño.

Esa continuidad es lo que hace de la iniciación un recuerdo. Es el hilo invisible que atraviesa los siglos y mantiene viva la tradición. Por eso, cuando pronuncias tus primeras palabras simbólicas, no estás aprendiendo algo nuevo: estás devolviendo tu voz a un canto que nunca dejó de sonar.

Este libro, hermano, no pretende darte nada nuevo. Pretende recordarte lo que ya sabes, lo que tu interior siempre ha sabido. Si alguna frase de estas páginas te estremece, es porque ya vivía en tu silencio. Si algún símbolo te conmueve, es porque ya lo contemplaste en otras luces. Aquí, juntos, bajo la bóveda celeste, ejercitamos el arte de recordar. En ese ejercicio nos hermanamos con todos los que, antes de nosotros, buscaron la Luz en medio de la oscuridad.

Que tu iniciación sea siempre un retorno al hogar interior, y que cada palabra de estas páginas resuene como campana antigua despertando tu memoria eterna. Y que al recordar, vuelvas a construir, no solo en la materia sino en el espíritu, un templo digno de la Verdad.

El templo invisible

Cuando hablamos de templo, la mente profana imagina columnas de piedra, techos altos, vitrales o paredes grabadas con símbolos. Pero el verdadero templo donde se asienta el Oficio no es visible a los ojos del cuerpo. Es el templo interior, ese que cada Aprendiz lleva consigo como un mapa secreto y que se va construyendo golpe a golpe en el silencio de su corazón. Es invisible porque no pertenece al mundo de la forma externa, pero es más real que cualquier edificio de este mundo.

Desde tiempos inmemoriales, los constructores espirituales han hablado de este templo oculto. Los druidas lo intuían en el claro del bosque, donde la luz y la sombra creaban columnas de oro y negro entre los troncos. Los hermetistas lo describían como un palacio edificado con ladrillos de pensamiento puro. Y los místicos de todas las tradiciones coinciden en que el verdadero santuario se levanta en el interior del ser, allí donde la chispa divina reposa envuelta en misterio.

El Aprendiz, al ser recibido, es invitado a descubrir ese templo. Las herramientas simbólicas que se le entregan no son solamente utensilios de albañil, son llaves para abrir las puertas interiores. El mazo y el cincel no solo tallan la piedra bruta externa, sino la propia sustancia del carácter. Cada meditación, cada silencio, cada ejercicio de voluntad es como colocar una piedra más en ese edificio invisible que poco a poco se eleva dentro de él.

Imagina, hermano, una gran sala interior rodeada de columnas invisibles que representan tus virtudes y tus defectos. Cada virtud levantada con trabajo y disciplina es una columna firme; cada defecto superado es una grieta reparada en esa arquitectura espiritual. Poco a poco, a través del Oficio, esa sala se convierte en un templo digno de recibir la Luz del Gran Arquitecto.

El templo invisible no se construye de una sola vez. Es un proceso que acompaña al Aprendiz durante toda su vida. Hay días en que parece avanzar con rapidez, y otros en que parece derrumbarse. No desesperes en esos momentos: incluso los templos de piedra han requerido siglos y múltiples generaciones de constructores. Así también tu templo interior requerirá paciencia, perseverancia y amor por el trabajo silencioso.

Los antiguos textos cabalísticos hablan de la *Heikhal*, la cámara interior del alma, rodeada de velos. Cada velo que se retira revela un espacio más amplio, una luz más profunda. Así, cada etapa de tu trabajo interior es como atravesar una de esas cámaras sagradas. No hay mapa escrito que pueda guiarte mejor que tu propia intuición y la voz silenciosa que se escucha cuando la mente se aquieta.

Para edificar este templo se necesita pureza de intención. El Aprendiz debe preguntarse constantemente: ¿para quién construyo? ¿Para mi vanidad? ¿Para mi orgullo? ¿O para servir a algo más grande que yo mismo? Solo cuando la respuesta es sincera y humilde, la obra interior se eleva recta y firme. Las piedras mal colocadas por egoísmo o soberbia tarde o temprano se agrietan, y el edificio invisible se tambalea.

Recuerda que este templo no está aislado. Cada Aprendiz construye el suyo, y todos juntos forman una vasta catedral de almas que trabajan, aman y buscan la Luz. Este concepto es lo que las antiguas fraternidades llamaban el *Egrégor*: una conciencia colectiva que se fortalece con el esfuerzo de cada uno. Al trabajar en tu templo interior, también estás contribuyendo a esa gran obra universal.

Quizá te preguntes: ¿cómo puedo reconocer el progreso en este templo invisible? No hay medidas profanas, no hay planos escritos. Lo reconocerás por la paz que empieza a brotar en tu corazón, por la claridad con la que contemplas el mundo, por la mansedumbre de tus palabras y la firmeza de tus acciones. Cuando el templo interior comienza a elevarse, todo en tu vida refleja su orden secreto.

Existen momentos en la vida del Aprendiz en que se siente perdido, como si el trabajo interior fuera demasiado arduo. En esos momentos, recuerda que incluso las grandes catedrales atravesaron épocas de abandono antes de ser restauradas. Lo importante es no olvidar que el templo está ahí, esperando tu regreso. Cada meditación es un ladrillo, cada acto de bondad es un arco, cada silencio bien guardado es una bóveda que se cierra con perfección.

Las enseñanzas druídicas decían que el bosque es un templo sin paredes, y que cada árbol es una columna viva. Esa imagen puede ayudarte en tu labor: el templo invisible se parece más a un bosque que a un edificio rígido. Es flexible, respira contigo, se expande y se adapta según tus experiencias. No es algo fijo, sino una obra viva que crece mientras creces.

Hay quienes buscan este templo en libros y pergaminos, pero olvidan que la clave está en su propia vida. Puedes leer miles de textos y seguir sin colocar una sola piedra. El verdadero trabajo comienza cuando aplicas lo que aprendes, cuando tus manos simbólicas se ensucian con el polvo de tu propia transformación. Esa es la obra que ningún otro puede hacer por ti.

Si cierras los ojos y escuchas, tal vez puedas sentirlo ahora mismo: un murmullo, una vibración suave en tu interior.

Ese es el llamado del templo invisible, la invitación constante a construir y reconstruir. No hay horarios, no hay imposiciones externas. Solo tu voluntad y tu amor por el Oficio determinarán cuánto avanzas.

El templo invisible también es refugio en los días de tormenta. Cuando el mundo exterior parece derrumbarse, puedes entrar en él y encontrar la paz. Allí nadie puede herirte, porque las columnas son de luz y las paredes están hechas de sabiduría antigua. Allí se escuchan las voces de los Maestros silenciosos que susurran consejo y aliento.

Mientras sigues este camino, hermano, recuerda que cada símbolo que estudias, cada meditación que practicas, cada silencio que cultivas, es una piedra colocada con precisión en ese templo interior. No hay trabajo perdido; incluso los intentos fallidos forman parte de los cimientos. No temas al error, pues incluso las grietas permiten que entre la luz y revelen nuevas formas de edificar.

Así, cuando un día llegue el momento de tu partida, no dejarás un templo visible de piedra y oro, sino un santuario invisible pero eterno, inscrito en la conciencia universal. Otros lo percibirán, aunque no puedan nombrarlo, y se inspirarán para construir el suyo. Esa es la cadena ininterrumpida de los constructores del espíritu: cada uno deja un templo invisible como legado.

Este libro, entonces, no es solo un manual para el Aprendiz, sino una invitación a edificar con amor y paciencia ese templo que nadie puede destruir. Tómate tu tiempo, respira, medita, y golpea la piedra interior con mazo y cincel hasta que surja la forma secreta. Y cuando la halles, guárdala en silencio y deja que su luz guíe tu vida.

Método y vocación del Oficio

Para emprender cualquier gran obra, el corazón del Aprendiz debe comprender que el Oficio no es solamente un conjunto de técnicas o conocimientos; es, ante todo, un camino, una vocación que lo llama desde lo profundo. Método y vocación son las dos alas de un mismo vuelo: sin método, la vocación se disuelve en entusiasmo estéril; sin vocación, el método se convierte en repetición muerta. El Oficio es la unión viva de ambas.

Desde la primera hora, se enseña al Aprendiz que el trabajo no es improvisado. Así como ningún templo se levanta sin planos, ninguna alma se construye sin método. Pero ese método no es rígido, sino flexible como el agua, adaptable como el viento. Es una disciplina interior que ordena los pensamientos, las palabras y los actos, convirtiendo cada día en un ladrillo colocado con propósito.

Los constructores antiguos meditaban antes de cada obra. Se sentaban en silencio, contemplando la piedra y escuchando su voz secreta. Sabían que la materia tiene memoria y que la herramienta responde a la intención. El Aprendiz moderno debe hacer lo mismo: escuchar su propia piedra interior, atender sus imperfecciones y golpes pasados, y luego, con método, comenzar a tallar. Cada sesión de trabajo es un rito pequeño, cada esfuerzo un paso más en la gran escalera de la transformación.

La vocación, por su parte, es el fuego que sostiene el método. Sin ella, el trabajo se convierte en obligación; con ella, el trabajo se transforma en plegaria. La vocación no se impone ni se hereda, nace como un susurro en el alma, como una nostalgia de lo sagrado. Muchos la sienten desde la infancia, sin comprenderla del todo: un amor por lo oculto, un respeto instintivo por lo simbólico, una búsqueda constante de significado. Otros la descubren de pronto, al recibir un símbolo, al escuchar una palabra que enciende memorias dormidas.

En las enseñanzas de Paracelso se dice que cada persona porta una *astrum*, una estrella interior que guía su destino. La vocación masónica es esa estrella, iluminando el taller interior y señalando siempre hacia el Norte de la sabiduría. Seguirla es una decisión valiente, pues implica renunciar a la comodidad de la inercia y aceptar la responsabilidad de construir algo eterno.

El método se cultiva con ejercicios concretos. Observa tus pensamientos al amanecer y anótalos como si fueran planos de una obra. Talla tus emociones con la herramienta del discernimiento: ¿qué sientes, por qué lo sientes, hacia dónde te conduce ese sentimiento? Antes de pronunciar una palabra, mide su peso, su utilidad, su verdad. Este es el método silencioso que va dando forma a la piedra bruta que somos al inicio.

La vocación se alimenta con gratitud. Cada vez que una enseñanza ilumine tu corazón, agradécelo en silencio. Cada vez que una dificultad se presente en tu camino, mírala como parte del diseño del Gran Arquitecto. Así, la vocación se convierte en un canto incesante que acompaña cada golpe de mazo y cada trazo de escuadra.

Es natural que el Aprendiz sienta dudas. Hay días en que el método parece árido, y la vocación, lejana. No te desalientes, hermano. Recuerda que el roble crece lento, pero sus raíces se hunden profundas en la tierra. Así también tu trabajo interior: lo que hoy parece pequeño, mañana será columna firme. La perseverancia es el verdadero secreto de todo método, y el amor es el guardián de toda vocación.

Mira a tu alrededor y contempla a quienes han dedicado su vida al Arte Real. No son perfectos, pero han aprendido a trabajar con constancia. Su mirada refleja paz porque han aceptado el ritmo del Oficio: día tras día, silencio tras silencio, piedra tras piedra. Ellos son testimonio viviente de que el método transforma y la vocación sostiene.

En la Kabbalah se nos enseña que hay senderos ocultos que solo se revelan a quien camina con intención pura. El método es la lámpara que ilumina el sendero, la vocación es el deseo de caminarlo. Sin uno, el otro se apaga. Juntos, convierten cada instante de la vida en parte de la Gran Obra.

Que este capítulo sea para ti una brújula y un recordatorio: no basta con tener herramientas, hay que aprender a usarlas con disciplina. No basta con anhelar la Luz, hay que caminar hacia ella con pasos firmes. Este es el Oficio: un arte que moldea el alma, una vocación que la eleva, un método que la ordena.

Toma tu mazo y tu cincel interiores, hermano. Antes de golpear, respira. Antes de hablar, escucha. Antes de actuar, contempla. Así se edifica el templo invisible con método y vocación, y así cada Aprendiz se convierte en un verdadero Obrero de la Luz.

El juramento interior: la palabra que se graba en el alma

Antes de que el Aprendiz se acerque al Ara visible del Templo y pronuncie palabras que otros puedan escuchar, hay un acto más profundo, más íntimo y más sagrado: el juramento interior. Este no se formula con la lengua ni se graba en pergaminos; se pronuncia en el silencio del corazón y se inscribe en la piedra viva del alma.

Ese juramento interior es el primer vínculo real con el Arte Real. No surge de la obligación externa, sino de una decisión voluntaria que late en lo más hondo del ser. Surge cuando miras tu propia piedra bruta y dices: "Sí, estoy dispuesto a trabajarme; sí, me comprometo a honrar la verdad, aunque duela; sí, me comprometo a la luz, aunque la noche sea densa."

Imagina, hermano, que dentro de ti hay un altar secreto. Ningún ojo profano puede verlo. Allí, en ese santuario, enciendes cada mañana una pequeña llama invisible. Esa llama es tu intención, tu palabra silenciosa, tu promesa de seguir tallando tu vida en armonía con el Gran Diseño. Ningún juramento exterior tiene valor si antes no se ha hecho este pacto interno.

Muchos buscan la confirmación de su compromiso en palabras rimbombantes o en ceremonias solemnes. Pero el verdadero compromiso se mide en lo cotidiano, cuando nadie observa: cuando eliges la verdad aunque sea incómoda, cuando practicas la caridad aunque nadie lo sepa, cuando mantienes la calma en medio de la tormenta. Ese es el juramento interior manifestándose en hechos.

Cada acto pequeño y silencioso es como un cincel que refuerza la inscripción en tu alma.

Reflexiona: ¿qué fuerza mueve tu trabajo diario? ¿Lo haces por costumbre, por miedo, o por amor a lo eterno? Si la respuesta es la última, entonces tu juramento interior ya está vivo. Si no lo sientes aún, no te preocupes; cada Aprendiz lo descubre a su tiempo, en la quietud de sus meditaciones o en el fragor de sus pruebas personales. El juramento no se exige: se revela.

Las antiguas enseñanzas místicas nos dicen que las palabras, cuando se pronuncian con plena conciencia, se convierten en semillas de creación. En hebreo, las letras son fuerzas vivas; en la tradición druídica, cada sílaba es un canto al cosmos; en la alquimia hermética, cada palabra consciente imprime una marca eterna. Así también, cuando tú pronuncias para ti mismo tu juramento interior, esa vibración se inscribe en la sustancia de tu alma. No se trata de un simple pensamiento pasajero, sino de una declaración que reverbera a través de tus células y pensamientos.

Hay días en que este juramento parece un peso, cuando la piedra interior se resiste al cincel y el mazo tiembla en tus manos. Pero entonces recuerda: ese compromiso no fue hecho para los días fáciles, sino para sostenerte en las noches oscuras. Cuando la vida parezca quebrarte, el juramento interior será la argamasa que mantenga unidas las piezas de tu ser. Y cuando el ruido externo quiera distraerte, esa palabra secreta resonará más fuerte que cualquier clamor del mundo.

Para fortalecerlo, te invito a un ejercicio más profundo: siéntate en silencio cada noche, antes de dormir. Coloca una mano sobre tu corazón y otra sobre tu frente. Siente el calor de tus manos uniendo pensamiento y emoción. Pregúntate: ¿He sido fiel hoy a mi palabra interior? No se trata de juzgarte con dureza, sino de reconocer con sinceridad. Si fallaste, no te condenes; reafirma tu compromiso para el día siguiente. Si lograste honrarlo, agradece y fortalece esa llama interior. Luego, imagina que escribes con luz esa palabra sobre la superficie de tu alma, como un grabado que nada puede borrar.

Con el tiempo, este sencillo ritual grabará cada vez más hondo el juramento en tu alma. Se convertirá en una voz que te acompañará en cada decisión. En la Logia podrás compartir símbolos y enseñanzas, pero será esa voz la que te guíe cuando estés solo, frente a los desafíos íntimos que nadie más conoce. Y comprenderás que ese juramento es la llave que abre las puertas de tu templo interior.

El juramento silencioso también te une a otros buscadores sinceros. Es como un hilo dorado que entrelaza corazones a través de los siglos, creando una cadena invisible que sostiene el Templo vivo de la humanidad. Saber que no estás solo en este compromiso te da fuerza, porque aunque cada piedra es trabajada individualmente, todas forman parte de una obra mayor. Cada palabra interior grabada en cada Aprendiz se suma a un coro de intenciones que sostiene y eleva la creación.

No necesitas palabras complejas para formularlo. A veces basta con un susurro interior: "Serviré a la luz", "Trabajaré en mí", "No abandonaré la senda". Esas frases sencillas, cuando nacen de un corazón sincero, tienen más poder que cualquier discurso. Se convierten en letras de fuego que nada ni nadie puede borrar. Son mantras personales que se repiten en silencio hasta que se convierten en carne, en acción, en virtud.

Para expandir aún más la profundidad de este juramento interior, contempla los votos que has hecho sin darte cuenta: la promesa de cuidar de alguien, de ser honesto, de buscar la belleza en lo cotidiano. Todos ellos son como ecos menores de un gran juramento mayor. Hazlos conscientes y verás cómo se integran en una sola melodía sagrada. Esa melodía será la que guíe tus manos mientras tallas, la que ilumine tus noches de duda, la que te sostenga cuando el mundo te parezca demasiado pesado.

Con los años, cuando mires hacia atrás y veas la obra de tu vida, comprenderás que todo comenzó con ese juramento íntimo. Cada golpe de mazo, cada línea de cincel, cada virtud conquistada y cada sombra transformada son fruto de aquella palabra silenciosa que grabaste en tu alma. Ese será tu mayor legado: no las palabras que pronunciaste ante otros, sino la vida que construiste en fidelidad a tu juramento interior.

Así, hermano, renueva hoy tu compromiso. Siéntelo arder en tu altar secreto. Llévalo contigo como un sello invisible en cada acción. Que tu vida entera sea el eco de esa palabra grabada, y que cuando llegue el momento de descansar de tu trabajo, la piedra de tu ser resplandezca como testimonio de un Aprendiz que supo escuchar y honrar su juramento interior. Que tus pasos sean firmes, que tu mirada sea clara, que tu corazón recuerde siempre lo que un día juraste en silencio y sin testigos, y que esa palabra sea la estrella que te guíe incluso en la más profunda oscuridad.

I

La Piedra Bruta:

El Alma Antes de la Obra

La materia no tallada: símbolo del Caos primordial

Hermano, antes de que existiera la forma hubo un instante sin nombre, un océano de posibilidades sin dirección ni contorno. Los sabios antiguos lo llamaron Caos primordial. No era un vacío, sino una plenitud informe, un germen de mundos aguardando la palabra creadora. Así también es tu alma al llegar al umbral del Oficio: vasta, rica, pero todavía sin las líneas que revelarán su belleza interior.

Cuando contemplas una piedra bruta, puedes verla como un bloque tosco o como el receptáculo de una obra maestra. Cada arista irregular encierra un misterio, cada veta es memoria de fuerzas profundas. Así es tu ser: un cúmulo de experiencias, impulsos y dones latentes que aguardan el toque del Arte. La piedra bruta no es imperfección, es promesa. El caos no es desorden absoluto, sino un orden encubierto que necesita ser despertado.

En la alquimia interior, este estado es conocido como *Nigredo*: la etapa inicial de la Gran Obra, donde todo es oscuro, pero donde la luz comienza a gestarse en silencio. Paracelso enseñaba que la *prima materia*, aunque parezca tosca y sin valor, contiene en sí la medicina y la maravilla. Tus sombras son cantera de tus virtudes; tus caídas, semillas de tu elevación; tus heridas, puntos de acceso a una comprensión más profunda del mundo.

Permítete, hermano, mirar tu piedra interior sin juicio. Pregúntate: ¿qué dentro de mí aguarda ser liberado? ¿Qué arista encierra una virtud todavía oculta? ¿Qué aspecto de mi historia puedo transformar en sabiduría? Cada vez que te contemplas con humildad y decisión, das el primer golpe simbólico sobre esa piedra.

Recuerda que la materia no tallada debe ser tratada con reverencia. Los antiguos druidas se acercaban a las piedras sagradas con la conciencia de que eran seres vivos que guardaban memorias milenarias. Haz lo mismo contigo mismo: considérate un misterio sagrado. Trabaja sobre ti con respeto, con paciencia, con el amor de quien cuida un tesoro. Así como el escultor acaricia la piedra antes de golpearla, acaricia tu historia antes de transformarla.

Imagina que tu vida es un bloque recién extraído de la cantera. Las herramientas esperan, pero el primer paso es contemplar. Observa tus talentos sin temor a parecer vanidoso: son regalos que esperan uso. Observa tus defectos sin condena: son materia prima para la obra. En la piedra bruta no hay error, hay posibilidad.

La tradición hermética describe el caos como el útero de la creación. De ese vientre oscuro emergen mundos. De tu propia confusión pueden surgir virtudes insospechadas. El Aprendiz que comprende esto deja de temer a sus sombras y empieza a integrarlas. Cada emoción turbulenta puede convertirse en energía creadora si se talla con sabiduría.

Tómate tiempo para meditar en esto: la piedra bruta simboliza también la unidad de tu ser antes de ser separado en mil máscaras. Bajo las aristas, bajo el polvo, hay un núcleo luminoso. El trabajo interior no es añadir nada que falte, sino quitar lo que sobra, liberar la forma que ya está en ti. Tal es el arte del escultor y el secreto del Oficio.

Hay días en que te parecerá que el caos te domina, que la piedra es demasiado dura, que las aristas son innumerables. No desesperes. Cada Maestro comenzó así. La paciencia es tu aliada. Un golpe tras otro, un pensamiento tras otro, irás viendo aparecer líneas donde antes solo había masa informe. En la lentitud del proceso está el verdadero milagro: aprenderás a amar cada fragmento que cae, cada polvo que se desprende, porque son signos de vida en movimiento.

Recuerda también que la piedra bruta no es solo personal, es cósmica. Eres microcosmos de un universo en constante creación. Tus aristas reflejan las fuerzas del mundo, tus vetas son ríos de experiencias colectivas. Tallarte a ti mismo es también colaborar con la obra del Gran Arquitecto, añadiendo belleza al tejido infinito de la existencia.

Contempla entonces tu caos no como enemigo, sino como compañero. Habla con tu piedra interior en tus silencios. Pregúntale qué desea mostrar, qué figura secreta guarda en lo profundo. Escucha sin prisa, con humildad. Poco a poco descubrirás que, detrás del caos, hay un rostro, un símbolo, una verdad esperando ser revelada.

En tu caminar, dedica tiempo a escribir tus descubrimientos. Cada reflexión es un trazo en el plano de tu obra. Cada meditación es un cincel que define con más precisión lo que eres. No tengas miedo de los días oscuros; son parte del proceso. No temas a las lágrimas; son el agua que suaviza la piedra. No huyas de tus imperfecciones; son el mapa de tu camino.

El Oficio comienza aquí, hermano, en esta contemplación profunda de la materia no tallada. Reconocer tu caos es reconocer tu poder. Aceptar tu piedra es aceptar tu destino como constructor de tu propio templo. Y cuando llegue el momento de empuñar mazo y cincel, recuerda que cada golpe, por pequeño que sea, resuena en la eternidad.

Permite que estas palabras sean una lámpara discreta mientras te adentras en la cantera de tu ser. Allí, en el silencio, escucharás un murmullo: es tu esencia pidiendo ser liberada. Y cuando el polvo se asiente, verás emerger la forma secreta que siempre estuvo esperándote.

El Aprendiz como piedra viviente

Hermano, detente un instante y mira tus propias manos. Mira la piel marcada por los años, las líneas que cuentan historias silenciosas. Mira tus ojos en un espejo y observa los destellos de luz y las sombras que se esconden en ellos. No eres un objeto inerte, no eres un bloque muerto de mármol sin latido. Tú eres, en esencia, una piedra viviente, y esa es una de las verdades más profundas del Oficio.

La piedra viviente no es rígida ni inmóvil; respira, siente, se transforma. Cuando decimos que el Aprendiz es piedra viviente, hablamos de la materia sagrada que puede ser trabajada desde dentro, golpe a golpe, palabra a palabra, silencio a silencio. Cada experiencia, cada emoción, cada pensamiento es un cincel sobre ti, una herramienta que va moldeando lo que eres y lo que serás. Las pruebas de la vida son los golpes del mazo, las reflexiones profundas son los cortes sutiles del cincel, y los silencios guardados son como el agua que pule suavemente cada superficie.

Imagina, hermano, una cantera donde cada piedra contiene un corazón latiendo. Así eres tú en el taller del Gran Arquitecto: una materia viva que se ofrece para ser tallada con amor y paciencia. Tus virtudes son relieves ya esculpidos, tus defectos son aristas todavía por trabajar, y ambos conviven en ti como capas de una obra que nunca se termina del todo. Cada día traes una nueva veta, cada decisión añade o quita material, y cada instante vivido con conciencia se convierte en una nueva textura en tu piedra.

Cuando cruzas el umbral del Oficio, no llegas vacío. Llegas cargado de memorias, traes contigo alegrías y dolores, fracasos y logros. Todo eso es parte de tu piedra viva. Cada cicatriz es una veta, cada sonrisa es un brillo en la superficie. Al trabajar sobre ti mismo no reniegas de tu historia; la honras, porque sin ella no serías quien eres. La piedra viviente es testimonio de tu paso por la vida, una crónica silenciosa de cada lección aprendida.

En las enseñanzas herméticas se habla de la piedra filosofal no como un objeto externo, sino como el estado del ser purificado y perfeccionado. Tú eres esa piedra en proceso. Cada golpe que das sobre tus hábitos, cada reflexión sobre tus actos, cada oración silenciosa que elevas es un paso hacia esa perfección. Pero no se trata de eliminar lo humano, sino de elevarlo. La piedra viviente se esculpe sin dejar de latir, sin perder su esencia, integrando lo que eres y lo que puedes llegar a ser.

Hay días en los que sentirás que el trabajo interior duele. Como si cada golpe removiera algo profundo y sensible. Y así es, hermano. Tallar una piedra viva es una labor delicada, porque cada arista que quitas toca fibras de tu identidad. Pero recuerda: el dolor no es destrucción, es apertura. Es el eco del mazo liberando lo mejor de ti. La piedra que no se toca jamás revela su forma; la piedra que se trabaja con paciencia se convierte en obra de arte.

Observa a tu alrededor en la Logia: cada hermano es una piedra viviente, y en sus rostros puedes ver reflejos de ti mismo. Aprende de sus virtudes, inspírate en sus esfuerzos. No para imitar sin discernimiento, sino para descubrir en ti mismo nuevas formas de tallarte. Sus errores también son enseñanza, porque te muestran qué caminos evitar, qué cortes no realizar, qué golpes no dar. Así el taller se convierte en un espacio sagrado donde cada piedra ayuda a tallar a la otra.

La Kabbalah enseña que el hombre es un microcosmos, un reflejo del universo entero. Si eres piedra viviente, entonces también llevas en ti montañas, ríos, tormentas y auroras. Tus emociones son lluvias que pulen, tus pensamientos son vientos que esculpen, tus decisiones son rayos de luz que revelan la veta más brillante. Aprende a ver estos procesos internos como parte del Arte, no como obstáculos. Cada tempestad interior deja un surco que, con el tiempo, puede convertirse en la curva perfecta de una columna espiritual.

A veces te parecerá que estás hecho de un material demasiado duro. Que tus defectos son inamovibles, que tus aristas son irrompibles. Pero recuerda: incluso el granito más firme cede ante el golpe constante, incluso el mármol más puro se revela solo tras largas horas de trabajo. Tu constancia es la herramienta más poderosa. No te detengas, hermano. Cada día es una oportunidad para un nuevo golpe, un nuevo trazo, una nueva línea.

Ejercítate en la observación de tu vida diaria como si fueras un escultor atento. Cuando hables, escucha el eco de tus palabras en tu corazón: ¿son golpes que pulen o que fracturan? Cuando actúes, observa las huellas que dejas en quienes te rodean: ¿son huellas que edifican o que derriban? Cada pequeño gesto es una oportunidad de trabajar tu piedra viviente. Cada silencio guardado a tiempo es una superficie pulida, cada palabra justa es una línea recta marcada en tu esencia.

La piedra viviente nunca deja de transformarse. Aun cuando creas que has alcanzado la forma perfecta, la vida traerá nuevas aristas, nuevas vetas, nuevos retos. Por eso, el Aprendiz nunca deja de ser Aprendiz. La humildad es la herramienta que mantiene tu cincel afilado, la paciencia es la mano firme que sostiene el mazo. Aceptar esta verdad es abrazar el camino eterno, es comprender que el Arte Real es un viaje sin final, un trabajo que se perfecciona en cada respiración.

Haz el ejercicio de proyectarte hacia el futuro. Imagina que estás frente a ti mismo, no como eres hoy, sino como podrías ser dentro de años de trabajo interior. ¿Qué ves? ¿Qué líneas deseas resaltar, qué rugosidades quieres suavizar? ¿Dónde deseas colocar más luz, dónde prefieres mantener la sombra para dar contraste? Esa visión es tu plano maestro. Escríbela, dibújala, medítala cada mañana antes de comenzar tu jornada. Cada día, cada respiración, cada decisión es un golpe que acerca esa visión a la realidad.

No olvides, hermano, que tu piedra viviente no se trabaja solo para ti. Cada avance, cada virtud que cultivas, cada sombra que transformas aporta belleza y solidez al templo colectivo que todos edificamos juntos. La obra personal se convierte en don universal. Así, el silencio de tu trabajo interior resuena como música en el coro invisible de los constructores del espíritu. Y cuando te sientas cansado, recuerda que no estás solo en la cantera: a tu lado trabajan manos invisibles, voluntades hermanas, espíritus que también buscan la forma perfecta.

Que estas palabras sean para ti como un cincel suave que invita, no que obliga. Que te ayuden a recordar que tu dureza es virtud en potencia, que tus grietas son lugares donde la luz puede entrar. Trabaja sobre ti con amor, con dedicación, con la certeza de que cada golpe, por pequeño que parezca, acerca la obra a su esplendor oculto. Y cuando un día contemples tu interior y veas una forma noble donde antes había caos, sabrás que has honrado el Oficio y la vida misma.

Alquimia interior: Nigredo y potencial oculto

Hermano, llegamos ahora a un concepto que los antiguos alquimistas custodiaban como joya secreta: la *Nigredo*. Este término, que en latín significa "negrura", no es simple oscuridad, sino la fase inicial de toda Gran Obra espiritual. Es la etapa donde lo viejo se disuelve, donde las formas caducas se queman, donde el alma se enfrenta a su caos interior para extraer de él la semilla de lo nuevo.

En tu camino como Aprendiz, la *Nigredo* es inevitable. Es ese momento en que el entusiasmo inicial se encuentra con tus propias limitaciones, cuando el brillo de los símbolos revela también tus sombras. Es la noche del alma, pero una noche fértil. Porque en la alquimia interior, hermano, la oscuridad no es enemiga: es la matriz donde germina la luz.

Contempla tu interior como un crisol en el que se mezclan recuerdos, temores, deseos y virtudes incipientes. En este crisol, el fuego de las pruebas y de la reflexión comienza a actuar. Las estructuras rígidas de tu ego se ablandan, las ideas preconcebidas se derriten. Puede que sientas confusión, que surjan preguntas dolorosas, que experimentes pérdidas o decepciones. Todo ello forma parte de la *Nigredo*: la disolución de lo que no sirve para que la esencia verdadera pueda emerger.

Paracelso afirmaba: "Allí donde habita el veneno, también mora el antídoto." Así también, en tu impaciencia se esconde la semilla de la diligencia; en tu orgullo, la capacidad de reconocer la dignidad de todos; en tu miedo, el germen de la verdadera prudencia. Cada defecto es un mineral bruto que, al ser trabajado, revela la gema que contiene.

Trabajar la *Nigredo* requiere valentía. No basta con observar las sombras: hay que dialogar con ellas. Pregúntate qué te muestran, qué protegen, qué enseñanza te traen. El Oficio no pide que odies tus aristas, sino que las conozcas y las transformes. Tal como el alquimista observa pacientemente la materia mientras se ennegrece, así observa tú tus estados internos sin huir de ellos.

Imagina tu interior como una vasta cueva llena de vetas ocultas. Entras con tu lámpara y al principio todo parece caótico, amenazante. Pero al acostumbrarte a la penumbra, comienzas a ver los reflejos de cristales escondidos, los brillos de metales preciosos bajo capas de roca. Así es tu alma en la *Nigredo*: aparentemente confusa, pero llena de tesoros aguardando tu mano paciente.

La tradición hermética enseña que el negro es el color de la gestación. En la semilla que yace bajo la tierra oscura, en el útero materno antes del nacimiento, en el cosmos antes de la primera luz. Así también tú, hermano, en tu trabajo interior: acepta tu etapa de *Nigredo* como un embarazo espiritual. No la apresures; permite que la oscuridad te nutra y que el silencio haga su obra.

El potencial oculto no se revela con prisas. Hay que saber esperar, hay que saber escuchar. Medita cada día, aunque solo sean unos minutos, sobre tus reacciones y emociones. Anota tus descubrimientos, tus sueños, tus intuiciones. Ese registro se convierte en mapa de tu proceso alquímico, en testimonio de cómo la negrura inicial va cediendo paso a la claridad.

El Aprendiz que comprende la *Nigredo* deja de temer la caída. Sabe que cada error es materia para la obra, cada lágrima es agua que suaviza la piedra, cada fracaso es un fragmento de roca que libera una nueva superficie. Así, la vida entera se convierte en laboratorio, y cada experiencia, en ingrediente de la alquimia interior.

Permíteme sugerirte un ejercicio, hermano: busca un momento de soledad y cierra los ojos. Imagina que desciendes a una caverna profunda. Siente el frío, la oscuridad. Escucha el eco de tus pasos y el latido de tu corazón. De pronto, frente a ti, una pared de piedra comienza a brillar tenuemente. Acércate y observa cómo en la piedra negra se forman vetas de luz dorada. Coloca tus manos sobre ellas y siente cómo esa luz se transfiere a ti. Respira profundamente, absorbe esa energía, y al abrir los ojos, guarda la certeza de que incluso en tu negrura interior habita el oro del espíritu.

Recuerda siempre que el caos no es el final, sino el comienzo. El potencial oculto se encuentra precisamente donde menos esperas. El Arte Real no huye de la oscuridad; la abraza, la estudia, la transforma. Y cuando la *Nigredo* haya cumplido su función, emergerás como una piedra viviente más pura, más firme, más cercana a la forma que el Gran Arquitecto soñó para ti.

Que estas palabras sean para ti un faro en la noche de tu proceso. Que te animen a permanecer en el crisol el tiempo necesario, confiando en que la alquimia divina actúa incluso cuando no la ves. Y que cada día de trabajo interior te acerque más a ese potencial oculto que aguarda ser liberado.

El Golem interior y la chispa divina

Antes de que el Aprendiz tome conciencia de sus herramientas, debe primero descubrir la naturaleza profunda de la materia que trabaja. Hemos hablado de la piedra bruta, del caos primordial, de la alquimia interior y del juramento secreto; pero ahora es necesario adentrarse en un símbolo ancestral: el golem. En la tradición hebrea, el golem era una figura de arcilla animada por la palabra sagrada, un ser sin conciencia propia, moldeado por manos humanas y vivificado por una chispa de lo divino. Este símbolo es clave para comprender tu propio estado al inicio del Oficio.

Tú también, hermano, eres al principio un golem interior: una forma sin pulir, cargada de potencia pero carente de dirección. En tu interior viven fuerzas instintivas, emociones primarias, impulsos que todavía no han sido transmutados en virtud. No son malos en sí mismos, son materia viva esperando la orden de un maestro interior. Esa materia puede destruir si no se guía, pero puede crear maravillas cuando recibe la chispa divina de la conciencia.

La chispa divina es aquello que el Gran Arquitecto ha depositado en ti desde el principio de los tiempos. Es el aliento que anima tu existencia, el soplo que puede convertir la arcilla en criatura viva, la piedra en obra de arte. Pero esta chispa no se impone; debe ser invocada, reconocida, cultivada. Mientras no lo hagas, seguirás siendo como el golem de las leyendas: fuerte pero ciego, activo pero sin propósito.

Imagina que dentro de ti hay una figura de barro, formada con las memorias de tu infancia, tus hábitos, tus deseos inconscientes. Esa figura se mueve, actúa, reacciona, pero no comprende. Ahora imagina que acercas a esa figura una llama sagrada. Esa llama penetra la arcilla y, de repente, los ojos del golem interior se iluminan. Comienza a comprender quién es, de dónde viene y hacia dónde debe ir. Así funciona la chispa divina cuando despierta en tu alma.

El trabajo iniciático consiste en tomar conciencia de ese golem interior y educarlo. No lo rechaces ni lo destruyas; es parte de ti. Dale forma, guíalo, enséñale a hablar con verdad, a actuar con justicia, a sentir con compasión. Cada golpe de mazo y cincel sobre tu piedra interior es también un acto de educación sobre ese golem, hasta que la materia informe se convierte en servidor fiel de tu espíritu.

Los cabalistas decían que para crear un golem era necesario escribir en su frente la palabra **Emet** (verdad). Y que para detenerlo bastaba con borrar la primera letra, dejando **Met** (muerte). Medita sobre esto, hermano: mientras vivas sin la verdad, eres como un golem desbocado, moviéndote sin rumbo. Cuando grabas la verdad en tu conciencia, la chispa divina fluye y ordena tu vida. Cada mentira, cada engaño, es un borrón en esa palabra sagrada.

Ejercicio: siéntate en silencio y visualiza tu golem interior. Míralo como un ser hecho de arcilla, tosco pero lleno de vida. Acércate a él con ternura, sin miedo. Imagina que en tu mano tienes una pluma de luz y escribe sobre su frente la palabra VERDAD. Siente cómo, al hacerlo, una corriente de energía fluye desde tu corazón al suyo. Observa cómo sus ojos se abren y comienzan a reflejar la luz del Gran Arquitecto. Respira profundamente y permite que esa imagen se fije en ti. Esa es la chispa divina despertando en tu materia.

Con el tiempo, comprenderás que el golem interior no es un enemigo, sino un aliado en proceso de formación. A medida que trabajas sobre ti, esa figura de barro se vuelve más consciente, más hábil, más dócil a la voz de tu espíritu. Cuando logres integrarlo plenamente, tu voluntad y tus instintos se alinearán, y la obra será más fluida y poderosa.

Hermano, no temas tu arcilla. No rechaces tus impulsos ni tus emociones. Ellos son la base sobre la que se edifica el templo interior. Solo necesitan la chispa divina, esa chispa que recibes al comprometerte con el Oficio, al pronunciar tu juramento interior, al decidir que tu vida tendrá dirección y sentido. Graba la verdad en tu frente, en tu corazón, en tu piedra. Y cada día, al mirarte al espejo, recuerda: el golem interior sigue vivo, pero ahora camina iluminado por la chispa divina que lo transforma en verdadero constructor de su destino.

Ejercicio: visualización de la forma secreta

Busca un lugar donde nadie te interrumpa, un espacio que sientas tuyo y donde la calma pueda reinar. Apaga las luces fuertes y permite que una penumbra suave te envuelva. Si lo deseas, enciende una vela y observa cómo la llama se mantiene erguida a pesar de los pequeños movimientos del aire. Esa llama es un símbolo de tu conciencia, que permanecerá encendida mientras trabajas sobre la piedra de tu ser.

Cierra los ojos y respira profundamente. Inhala contando hasta siete, retén el aire un instante y exhala lentamente. Siente cómo cada respiración te arraiga más en el presente. Luego, imagina que frente a ti se encuentra una piedra enorme. Su textura es áspera, su superficie irregular, sus colores se mezclan en tonos de gris, marrón y blanco. Pasa tus manos sobre ella en tu mente y percibe su frío, sus aristas, sus hendiduras.

Permite que la imaginación te lleve más profundo: esa piedra es tu alma, llena de historias, marcas y posibilidades aún no reveladas. No la juzgues ni la temas. Solo obsérvala, como un escultor que, antes de cualquier golpe, estudia la materia que tiene ante sí. Date tiempo, respira, camina alrededor de la piedra. Observa cómo la luz de la vela proyecta sombras y revela vetas ocultas.

Ahora, en el silencio de tu mente, toma el mazo y el cincel. No son herramientas comunes: son instrumentos de luz. El mazo brilla con un fulgor dorado, el cincel tiene una hoja luminosa que no hiere, sino que libera. Sosténlos con firmeza. Antes de dar el primer golpe, pregunta a la piedra interior: ¿qué forma guardas en tu corazón? ¿Qué figura quiere emerger?

Permanece en silencio, escuchando. Quizá una imagen aparezca lentamente: un rostro sereno, una figura geométrica, un símbolo antiguo, un ángel, un árbol. O tal vez no veas nada concreto al principio. No importa. La paciencia es parte del Oficio. Confía en que la forma está allí, esperando revelarse.

Con suavidad, eleva el mazo y da un golpe sobre el cincel. Siente la vibración, escucha el leve crujido de la piedra. Un pequeño fragmento cae. Observa la superficie recién expuesta. Quizá sea más lisa, quizá muestre un color diferente, más puro. Sonríe ante ese pequeño avance. Este trabajo no se mide por la rapidez, sino por la calidad de cada golpe.

Repite el gesto. Con cada respiración, con cada golpe, algo más de la figura oculta comienza a aparecer. Si te sientes inseguro, detente y contempla. El escultor no se apresura, escucha a la piedra, la honra. Así también tú debes escucharte, respetarte, no forzar lo que aún no está listo para nacer.

Mientras avanzas en esta meditación, permite que surjan emociones. Tal vez sientas tristeza al ver lo que debe ser removido. Tal vez alegría al descubrir un rasgo hermoso que no esperabas. Permite que esas emociones fluyan. Son parte del proceso, son agua que limpia la superficie de la piedra y la prepara para un nuevo trazo.

Imagina que de pronto encuentras una veta brillante, un cristal oculto en la piedra. Ese cristal es una virtud, un talento, una sabiduría que siempre estuvo allí. Respira profundamente y siente cómo su luz se expande en ti. Agradece ese hallazgo, sabiendo que cada descubrimiento es fruto de tu paciencia y de tu valentía para trabajar en lo más profundo de ti mismo.

Si en algún momento te asaltan dudas o miedo de romper lo que estás construyendo, recuerda que el Arte Real es guiado por la inteligencia divina. Tú no trabajas solo. Hay manos invisibles, fuerzas mayores, que acompañan cada golpe, cada decisión. Confía en ellas. Permite que la intuición guíe tu mazo y tu cincel.

Cuando sientas que la figura comienza a definirse, detente un momento. Contempla la obra. Quizá aún esté incompleta, quizá falte mucho por pulir, pero ya hay belleza donde antes solo había caos. Siente el orgullo humilde de quien ha dado un paso más en su camino. Siente la gratitud por el material que se te ha confiado: tu propia vida, tu propia alma.

Permanece en silencio y observa cómo la figura recién esculpida respira contigo. Es parte de ti, y sin embargo es también algo nuevo, algo revelado. Guarda esa imagen en tu corazón, porque ella te servirá como faro en los días difíciles, recordándote que dentro de la piedra siempre hay una obra maestra esperando.

Cuando decidas finalizar la meditación, guarda el mazo y el cincel en tu interior, como herramientas sagradas que siempre podrás volver a tomar. Abre los ojos lentamente, permitiendo que la luz del mundo externo se mezcle con la luz interna que has cultivado. Observa a tu alrededor y siente cómo todo, absolutamente todo, puede ser materia para el Arte Real.

Hermano, este ejercicio no es solo una práctica puntual, sino una disciplina de vida. Cada vez que te enfrentes a un desafío, recuerda esa piedra y esa figura oculta. Cada vez que dudes de ti mismo, recuerda la veta de luz que descubriste. Cada vez que el mundo parezca caótico, recuerda que el caos esconde formas divinas esperando tu toque.

Así, la visualización de la forma secreta se convierte en un camino constante. Te invita a trabajar con paciencia, a escuchar con humildad, a golpear con amor. Y con el tiempo, verás que no solo tallas una piedra imaginaria: tallas tu carácter, tu destino, tu lugar en el templo invisible que todos edificamos.

Cuando la vida te golpee, que recuerdes que tú también tienes un mazo. Cuando el mundo te confunda, que recuerdes que dentro de ti hay una figura perfecta aguardando. Y cuando sientas cansancio, que estas palabras vuelvan a ti como un soplo de ánimo: sigue golpeando, sigue puliendo, sigue revelando la forma secreta de tu ser.

Respira, hermano, y toma el cincel. El trabajo continúa.

II

El Mazo y el Cincel:
Herramientas del Fuego Interno

Mazo: voluntad activa del espíritu

Imagina, hermano, la fuerza contenida en tu brazo al sostener el mazo. No es solo madera o hierro lo que reposa en tu mano; es el símbolo de la voluntad, la representación tangible de tu impulso interior por cambiar, por crecer, por tallar en tu propia alma una forma más noble. El mazo es acción, decisión, impulso creador. Sin él, la piedra bruta permanecería inmóvil, sin revelar jamás la figura oculta que guarda en su seno.

Cuando se entrega al Aprendiz la imagen del mazo, se le está entregando la llave de su capacidad de actuar. El mazo no actúa por sí mismo: requiere de tu energía, de tu determinación, de tu claridad de propósito. Cada vez que decides avanzar en tu trabajo interior, el mazo espiritual cobra vida. Es como un latido de fuego que marca el compás de tu transformación.

El mazo simboliza esa chispa de coraje que te lleva a enfrentarte contigo mismo, a desafiar tus propias resistencias y a golpear, una y otra vez, la materia dura de tus hábitos. Esos hábitos, a menudo, se sienten como roca inquebrantable. Pero el mazo, guiado por la paciencia, demuestra que ninguna piedra es eterna cuando se trabaja con amor y firmeza. No se trata de violencia, sino de firmeza consciente. El mazo no destruye por destruir; libera la forma que está prisionera en la piedra. Así también, tu voluntad no busca aniquilar tu esencia, sino despojarla de lo que la limita.

Cada golpe de mazo es un acto de fe en que la obra se revelará. En el taller material, el golpe resuena y el polvo se levanta; en el taller interior, el golpe se siente como una decisión tomada, un límite superado, una pasión dominada. No siempre se ve el resultado de inmediato, pero cada golpe deja huella. El Aprendiz comprende que sin voluntad activa no hay progreso. El mero deseo no basta: hay que actuar, hay que golpear, hay que decidir.

El mazo también es ritmo. En cada tradición operativa, los golpes del mazo marcan una música, una secuencia que acompaña al trabajo. Esa música resuena en tu corazón cuando te comprometes con la disciplina diaria. Tal como los latidos sostienen la vida, los golpes sostenidos del mazo sostienen tu obra interior. Un golpe aislado puede romper, pero la constancia revela la figura oculta.

Pero el mazo no actúa solo. Antes de cada golpe, hay una intención. Esa intención debe ser pura, clara, alineada con el diseño del Gran Arquitecto. De lo contrario, el golpe será errático, la piedra se fracturará y la obra se verá comprometida. Por eso, antes de cada acción en tu vida, detente y medita: ¿desde dónde estoy golpeando? ¿Desde la ira, el miedo, la vanidad? ¿O desde la búsqueda sincera de la luz, la justicia y el amor? El mazo obedece a la mano, pero la mano obedece al corazón.

En la alquimia interior, el mazo es también el fuego. Es la energía que transforma la materia inerte en arte vivo. Sin fuego no hay transmutación; sin mazo no hay escultura. Cada vez que tomas una decisión difícil, que eliges lo correcto por encima de lo fácil, estás empuñando el mazo. Cada vez que renuncias a una comodidad para seguir trabajando en ti, estás golpeando la piedra. Este fuego es el entusiasmo sostenido, no el impulso pasajero.

El mazo también enseña a aceptar la resistencia. Hay días en que se siente pesado, en que tu voluntad flaquea y la piedra parece demasiado dura. En esos momentos recuerda que cada golpe cuenta, aunque no veas de inmediato el resultado. El escultor experimentado sabe que, tras cien golpes, quizá solo el último revele la veta que estaba buscando. No abandones tu mazo; su peso es parte de tu fortaleza, su ritmo es la música secreta de tu transformación. La paciencia es hermana del mazo; juntas tallan hasta la roca más dura.

En la tradición masónica, el mazo es símbolo de la autoridad interior. No es el mazo de quien domina a otros, sino el de quien se gobierna a sí mismo. Cuando tu voluntad se alinea con la ley superior, cada golpe es justo y cada acción deja huella de armonía. El mazo no es solo fuerza: es disciplina, constancia, compromiso con la obra. La verdadera autoridad es la que ejerces sobre tus pensamientos, emociones y actos.

A medida que avanzas en tu camino, descubrirás que el mazo también tiene un sonido interior. Cada vez que eliges lo correcto, aunque nadie lo vea, oyes ese eco silencioso: has dado un golpe maestro. Cada vez que superas un miedo, escuchas otro eco: has abierto una nueva veta en tu piedra interior. Este sonido no lo oye nadie más, pero para ti se convierte en melodía de esperanza.

Ejercita tu mazo interior. Cada mañana, al despertar, declara tu intención: "Hoy golpearé mi piedra interior con amor y firmeza." Luego, durante el día, observa tus decisiones. Cada vez que elijas la paciencia en lugar de la ira, la verdad en lugar de la mentira, la compasión en lugar del juicio, has dado un golpe maestro sobre tu piedra. No subestimes los pequeños gestos; son los golpes suaves los que definen los detalles más finos de la obra.

Puedes también realizar un ejercicio meditativo: siéntate en silencio, imagina que sostienes un mazo de luz. Eleva ese mazo al cielo, como hacían los constructores antiguos antes de comenzar su jornada, y pide que la luz guíe tus acciones. Luego baja el mazo lentamente, con respeto, y siente cómo cada golpe libera una chispa de la forma secreta que llevas dentro. Hazlo cada día durante unos minutos y notarás cómo tu voluntad se fortalece.

El mazo, hermano, es más que una herramienta. Es la manifestación de tu voluntad activa, el eco de tu compromiso, la música de tu obra. Empuñarlo es decidir que no serás una piedra olvidada en la cantera, sino un pilar vivo en el templo eterno que construimos juntos. Con cada golpe consciente, con cada decisión noble, con cada acto de amor disciplinado, tu mazo interior resuena en el cosmos.

Que tu mazo interior nunca deje de resonar. Que su ritmo sea constante y sereno. Que cada golpe sea guiado por la luz del Gran Arquitecto y que, al final de tu jornada, contemples tu piedra y digas: "He trabajado con amor, he golpeado con justicia, he revelado lo mejor de mí." Y que cada día siguiente sea una oportunidad de tomar nuevamente el mazo y continuar la obra que no termina mientras tu corazón siga latiendo.

Cincel: palabra afilada y discernimiento

Contempla ahora, hermano, la segunda herramienta que completa el trabajo del mazo: el cincel. Allí donde el mazo representa la voluntad activa y la fuerza que impulsa, el cincel encarna la inteligencia que guía, la precisión que refina, el discernimiento que distingue entre lo que debe ser retirado y lo que debe permanecer. Sin el cincel, el mazo sería golpe ciego; sin el mazo, el cincel sería intención sin realización. Juntos, forman la dupla sagrada de la creación interior.

El cincel es una hoja delgada, una punta firme que, con cada toque, delimita, traza, esboza la forma deseada. Cuando tomas el cincel de la palabra, de la mente y del corazón, estás asumiendo el compromiso de hablar con intención, de pensar con claridad y de actuar con delicadeza. Cada palabra puede ser un corte que libera belleza o una herida que marca para siempre. Así, el cincel te enseña la responsabilidad de tu verbo.

En el Arte Real, la palabra no es solo sonido, es acción. Los antiguos sabían que el lenguaje es creador, que al nombrar se da vida y al callar se preserva el misterio. Por eso, el Aprendiz debe aprender a usar el cincel de su palabra con prudencia. ¿Cuántas veces una conversación ligera deja marcas profundas en quienes nos rodean? ¿Cuántas veces un consejo oportuno abre caminos insospechados? El cincel de la palabra bien usada talla sin destruir, marca sin herir, revela sin exponer en exceso.

Pero el cincel no se limita a la palabra hablada. También es el símbolo del discernimiento interno. Antes de cada golpe del mazo, el cincel señala dónde y cómo actuar. Así, antes de cada acción en tu vida, el cincel de la mente debe marcar el lugar preciso: ¿Qué debo decir ahora? ¿Qué debo callar? ¿Qué hábito debo transformar primero? ¿Qué pensamiento debo dejar caer? El cincel es el arquitecto silencioso que guía la fuerza de tu voluntad.

Para dominar el cincel interior, es necesario cultivar la atención plena. Observar tus pensamientos como quien observa la piedra antes de trazar la línea. No todo impulso merece convertirse en palabra. No toda emoción merece convertirse en acción. El cincel te ayuda a diferenciar, a elegir con sabiduría, a refinar tu obra sin desperdiciar energía. Esta es la práctica del discernimiento, virtud que crece con la meditación y con el silencio consciente.

Imagina que sostienes un cincel de luz en tu mano izquierda, mientras el mazo reposa en la derecha. Observa la piedra de tu ser y, antes de golpear, acerca el cincel y traza una línea suave. Esa línea es la idea clara, la intención definida. Luego, al golpear, la piedra se abre exactamente donde debía. Sin el cincel, el golpe sería inútil o dañino. Así también en tu vida: sin reflexión, tus acciones pueden dispersarse; con reflexión, cada acción es exacta y fecunda.

El cincel es también una herramienta de humildad. Enseña que no basta con la fuerza; se requiere sensibilidad. Muchos intentan resolver sus conflictos interiores con pura fuerza de voluntad, olvidando que la precisión es tan importante como el impulso. El cincel te recuerda que no siempre se trata de golpear más fuerte, sino de golpear en el lugar correcto, en el momento adecuado, con la dirección precisa.

En la Logia, el cincel se entrega como símbolo de trabajo cuidadoso, de palabra justa y de mente clara. Al recibirlo, el Aprendiz entiende que debe cultivar el arte de la pausa, el valor de la medida, la delicadeza de la verdad. Cada conversación con un hermano, cada pensamiento dirigido hacia el bien, cada silencio que evita un daño es un trazo de cincel sobre la piedra del alma.

Hay también un cincel invisible: el que utilizamos sobre nosotros mismos cuando evaluamos nuestros actos. Cada noche, al repasar tu día, toma ese cincel y recorre con él la superficie de tus acciones. Observa dónde hay aristas, dónde hay relieves demasiado pronunciados, dónde es necesario un toque más para perfeccionar. Este autoexamen diario es el trabajo silencioso que da forma a tu carácter.

La tradición hermética habla de la unión de opuestos: el fuego y el agua, la fuerza y la sabiduría, el mazo y el cincel. El cincel aporta la frescura del discernimiento, el mazo la fuerza del fuego. Cuando ambos trabajan juntos, la obra avanza con armonía. Si uno actúa sin el otro, el resultado se vuelve caótico o estéril. Así, aprende a escuchar tu voz interior antes de actuar, a planear antes de ejecutar, a sentir antes de decidir.

Ejercicio para el cincel interior: siéntate en silencio y escribe una lista de las palabras que pronunciaste hoy. Léelas una por una y pregúntate: ¿fueron necesarias? ¿Fueron justas? ¿Fueron constructivas? Luego, piensa en tus acciones del día: ¿Dónde pusiste fuerza sin dirección? ¿Dónde faltó un trazo de delicadeza? Finalmente, imagina que cada palabra y cada acción son marcas en la piedra de tu alma. Con el cincel de tu conciencia, comienza a suavizar las aristas, a limpiar lo innecesario, a pulir lo que debe brillar.

Con el tiempo, descubrirás que el cincel no solo te ayuda a trabajar tu propia piedra, sino también a interactuar con las piedras de otros. Tus palabras y gestos pueden ayudar a pulir, a inspirar, a aliviar. Pero siempre recuerda: usa el cincel con respeto. Una palabra mal dirigida puede romper lo que estaba casi terminado. Una palabra justa puede salvar una obra entera.

Así, hermano, aprende a amar tu cincel interior. Afílalo cada día con la piedra de la meditación, límpialo con la tela del silencio, guárdalo en el taller de tu corazón. Que cada golpe de mazo vaya precedido por la guía serena del cincel, y que cada palabra y acción en tu vida sean como cortes precisos que revelan la obra maestra que habita en tu ser.

Dualidad operativa: fuerza y precisión

Cuando el Aprendiz contempla sus herramientas interiores, se da cuenta de que el mazo y el cincel no son elementos aislados, sino dos caras de un mismo principio creativo. La fuerza sin dirección puede ser destructiva, la precisión sin energía es estéril. Aquí se manifiesta la gran enseñanza de la dualidad operativa: fuerza y precisión, impulso y control, mazo y cincel trabajando en armonía para liberar la forma oculta en la piedra.

Imagina un escultor que golpea con fuerza sin haber marcado antes la piedra; pronto verás grietas indeseadas, fragmentos perdidos, un material arruinado. Por otro lado, imagina al que traza líneas perfectas con el cincel pero nunca se atreve a golpear: la piedra permanece intacta, la obra jamás nace. Así también en tu vida interior, hermano: es necesario unir el ímpetu de la voluntad con la delicadeza del discernimiento.

Esta dualidad está presente en cada decisión que tomas. Hay momentos en que debes actuar con firmeza, cortar de raíz un hábito dañino, romper con una relación tóxica, afirmar tu verdad. Allí el mazo habla. Pero inmediatamente después, surge el cincel para recordarte que no todo es fuerza; debes ser consciente del modo en que actúas, cuidar las palabras con las que explicas tu decisión, tener compasión hacia ti y hacia los demás mientras realizas el cambio. No se trata de golpear sin pensar, sino de dirigir cada golpe con sabiduría y sensibilidad.

El Oficio nos enseña que la creación del templo interior no es una guerra contra uno mismo, sino una danza entre opuestos complementarios. La fuerza sin amor se convierte en tiranía; la precisión sin impulso se convierte en parálisis. Cuando logras equilibrar ambas energías, cada golpe libera belleza, cada palabra edifica, cada silencio se llena de sentido. Es un proceso vivo, dinámico, que se renueva en cada elección.

Reflexiona: ¿Cómo usas tu fuerza? ¿La aplicas solo en estallidos de ira, o la canalizas en la constancia de tu trabajo interior? ¿Cómo usas tu precisión? ¿Te pierdes en la autocrítica interminable, o utilizas ese ojo detallista para perfeccionar tus virtudes? La dualidad operativa te invita a mirar tus herramientas internas como un sistema armonioso, no como armas en conflicto. Ambos aspectos son necesarios, ambos son sagrados.

En la tradición hermética, se habla de la unión del Sol y la Luna, de lo activo y lo receptivo, de lo masculino y lo femenino, para crear la Gran Obra. Así también en tu interior: el mazo es el principio activo, el cincel el principio receptivo. El mazo es fuego, el cincel es agua. Uno expande, el otro delimita. Juntos crean la obra maestra que es tu vida consciente. Cada golpe es una afirmación, cada trazo es una pregunta, y ambos se necesitan mutuamente.

Observa a los grandes artistas: ninguno trabaja solo con fuerza ni solo con delicadeza. El equilibrio entre ambas cualidades es lo que permite que la obra avance. Así también en el Arte Real: tu fuerza impulsa, tu precisión guía. Cuando uno domina al otro, surgen los desequilibrios: o bien rompes lo valioso por exceso de ímpetu, o bien quedas inmóvil por exceso de análisis. Encuentra tu punto medio y serás un verdadero artífice de tu destino.

La dualidad operativa también se manifiesta en el trato con los demás. Hay momentos en que alguien necesita escuchar una verdad directa, aunque duela. Ahí entra el mazo. Pero esa verdad debe ser dicha con el filo exacto del cincel, para no destruir, sino abrir caminos. Una corrección puede ser un golpe brutal que hiere o un toque preciso que libera. Elige siempre lo segundo, que es el camino de la misericordia sin debilidad y la firmeza sin crueldad.

La práctica de esta dualidad también requiere tiempo. No se domina de un día para otro. Requiere observación de ti mismo, paciencia ante tus fallos, humildad para corregirte. Cada vez que logras unir fuerza y precisión, sientes en tu interior una armonía especial, como si el golpe del mazo y el trazo del cincel produjeran una música secreta. Esa música es el canto de tu alma trabajando en su propia obra maestra.

Ejercicio para integrar esta dualidad: cierra los ojos y visualiza tu mazo y tu cincel. Colócalos en tus manos y observa cómo se equilibran. Respira profundamente y siente la fuerza de tu brazo derecho (el mazo) y la sensibilidad de tu brazo izquierdo (el cincel). Imagina que trabajas sobre una piedra, y antes de cada golpe, preguntas: ¿Dónde está la línea que debo seguir? Luego golpeas con decisión, sintiendo la armonía entre ambas herramientas. Practica esta visualización cada día, hasta que la fuerza y la precisión se conviertan en hábitos inseparables.

Puedes ir más allá: imagina situaciones de tu vida cotidiana en las que has usado solo mazo o solo cincel. Revívelas, observa los resultados. Luego, imagina cómo habrían sido si hubieras integrado ambas herramientas. Esta práctica mental te prepara para el futuro, para que en la próxima prueba actúes con equilibrio y maestría.

Con el tiempo, hermano, verás que esta dualidad se extiende más allá del taller. La encontrarás en tus relaciones, en tus emociones, en tu manera de afrontar los retos. Aprenderás a hablar con firmeza y ternura, a actuar con energía y cuidado, a vivir con pasión y con sabiduría. Ese es el verdadero arte: unir los opuestos para crear belleza, la misma belleza que revela la piedra al ser trabajada.

El mazo sin el cincel es caos; el cincel sin el mazo es inercia. Juntos son la música y la letra, el impulso y la guía, el poder y la delicadeza. Que cada día de tu vida sea un ejercicio de esta dualidad operativa, y que cada golpe sobre tu piedra sea también un canto de equilibrio entre fuerza y precisión. Trabaja, hermano, hasta que cada gesto tuyo sea mazo y cincel a la vez: voluntad activa y discernimiento amoroso en perfecta armonía.

El Arte de no romper: la ética del constructor

Hermano, antes de que continúes hacia nuevos símbolos y nuevas herramientas, es necesario que pauses para meditar en un principio sagrado que sostiene todo trabajo interior: el arte de no romper. Las manos que sostienen mazo y cincel tienen poder para crear, pero también poder para destruir. La ética del constructor se resume en este delicado equilibrio: trabajar con firmeza y, al mismo tiempo, cuidar lo que se está edificando, no solo en la piedra exterior, sino en tu propia alma y en la vida de quienes te rodean.

Cuando el aprendiz comienza su labor, suele creer que debe golpear con toda su fuerza, que cuanto más rápido avance, mejor será su obra. Pero la experiencia enseña que el golpe apresurado puede provocar una fractura irreparable, que una línea mal trazada puede arruinar semanas de trabajo paciente. Así también ocurre en la vida interior: una palabra lanzada con ira puede romper un corazón, una decisión tomada sin reflexión puede destruir años de crecimiento espiritual. Por eso, el constructor ético aprende a detenerse antes de cada acción y preguntarse: ¿esto edifica o esto rompe?

Trabajar sin romper no significa no golpear jamás; significa hacerlo con sabiduría. Imagina un escultor que se acerca a la piedra con respeto. Observa la veta, escucha el sonido de cada golpe, siente con sus dedos la vibración de la materia. Cada fragmento que cae es cuidadosamente evaluado. Tú, hermano, debes hacer lo mismo con tu carácter, tus palabras y tus actos. No permitas que el mazo de tu voluntad golpee sin que el cincel de tu discernimiento haya marcado la dirección.

La ética del constructor se aplica también al trato con los demás. En la Logia, cada hermano es una piedra viva, con sus propias aristas y vetas. Cuando intervienes con una palabra o un consejo, estás aplicando mazo y cincel sobre su ser. ¿Golpearás con rudeza, dejando cicatrices, o tocarás con precisión, ayudando a revelar su belleza oculta? Recuerda que el constructor verdadero no destruye la obra de otro; la protege y la inspira.

En la tradición de los antiguos maestros, se decía: "El templo se levanta piedra a piedra, pero basta un golpe torcido para que la columna se quiebre." Así también tu templo interior. No hay prisa, no hay urgencia que justifique romper lo que llevas tiempo tallando. Cultiva la paciencia como virtud primera. Trabajar sin romper es también saber esperar, dar tiempo a que la piedra se asiente, a que la enseñanza eche raíces, a que el silencio revele lo que el ruido oculta.

Ejercicio de reflexión: al final de cada jornada, repasa tus acciones y pregúntate dónde aplicaste golpes justos y dónde fuiste demasiado severo. ¿Has roto algo que podías haber preservado? ¿Has dicho palabras que aún resuenan como grietas en otro corazón? No lo hagas para castigarte, sino para aprender. Cada error es un maestro si sabes escucharlo. Cada fractura puede ser reparada si reconoces su origen.

Trabajar sin romper implica también cuidar tu propio interior. No seas juez implacable de ti mismo. A veces golpeamos nuestra piedra con dureza excesiva, creyendo que así avanzaremos más rápido, pero terminamos rompiendo lo que nos sostiene. Trátate con amor, como tratarías la obra más preciosa. El arte de no romper comienza en ti.

La ética del constructor también se manifiesta en saber cuándo dejar de golpear. Hay momentos en que la obra necesita reposo, en que tu alma necesita silencio. Forzar el proceso puede ser tan dañino como abandonarlo. Confía en que el tiempo del Gran Arquitecto no es el tiempo del mundo. Aprende a escuchar el momento oportuno de cada golpe y cada pausa.

Finalmente, recuerda que tu labor no es solo para ti. El templo que edificas es parte de una obra mayor. Cada vez que eliges no romper, estás preservando no solo tu piedra, sino también la estabilidad del edificio colectivo. Tu paciencia, tu respeto, tu delicadeza contribuyen a un mundo más firme y más bello. El verdadero Aprendiz sabe que su ética personal repercute en todo el taller de la humanidad.

Hermano, toma tu mazo y tu cincel con humildad. Antes de cada golpe, recuerda este principio: trabaja, sí, pero no rompas. Pulirás tus aristas, revelarás tu forma, y cuando llegue el día en que contemples tu obra, sabrás que cada línea recta, cada relieve armónico, fue el fruto de una mano firme guiada por un corazón compasivo.

Meditación: trabajar sin destruir

Busca un lugar tranquilo, donde la prisa del mundo no te alcance. Siéntate con la espalda recta, las manos sobre las rodillas, y cierra los ojos. Imagina ante ti tu piedra interior, la misma que has comenzado a golpear con el mazo y a marcar con el cincel. Observa sus irregularidades, sus vetas, sus luces y sombras. Y antes de continuar el trabajo, pregúntate: ¿Cómo puedo seguir tallando sin destruir? ¿Cómo puedo avanzar en la obra sin quebrar lo que es esencial?

La meditación es la herramienta invisible que acompaña a todas las demás. Si el mazo y el cincel son visibles, la meditación es el espacio entre golpe y golpe, el silencio que permite escuchar el susurro de la piedra antes de tocarla. Sin esta pausa consciente, la impaciencia puede llevar a un golpe errático, a un corte que no respeta la forma oculta. Por eso, hermano, la meditación es el arte de detenerse para actuar mejor.

Cuando trabajas sobre ti mismo, es fácil caer en extremos: ser demasiado severo contigo, golpearte interiormente sin compasión, o ser demasiado indulgente y dejar que tus aristas permanezcan intocadas. La meditación te ayuda a encontrar el justo medio, a sentir cuándo un golpe es necesario y cuándo es tiempo de dejar reposar la obra. Trabajar sin destruir es aprender a honrar el proceso tanto como el resultado.

Respira profundamente. Siente cómo el aire entra como un bálsamo y sale llevándose la tensión. Imagina que cada inhalación afila tu conciencia como un cincel, y cada exhalación calma la fuerza del mazo. En ese ritmo, comienzas a comprender que tu piedra interior no es enemiga, sino aliada. No estás luchando contra ti, estás colaborando con la esencia que ya habita en ti para liberarla de lo superfluo.

La tradición cabalística nos enseña que toda creación requiere de dos principios: *Din* (fuerza, juicio) y *Rajamim* (misericordia). Si aplicas solo juicio, destruyes; si aplicas solo misericordia, no transformas. En la meditación, ambos se equilibran. Escucha tu voz interna: ¿estás juzgando sin piedad o estás excusando sin trabajar? Ajusta el golpe, afina el corte, hasta que sientas que tu voluntad y tu compasión caminan juntas.

Imagina ahora que el mazo descansa a tu lado y que en tus manos solo queda el cincel. Acércalo a la piedra con suavidad, sin golpear. Siente cómo tu respiración marca un compás lento, como si el tiempo se detuviera. Observa cada línea que trazaste antes, cada relieve que surgió de tus golpes pasados. Pregúntate: ¿Qué necesita esta piedra ahora? ¿Un golpe más fuerte o un toque delicado? Permite que la respuesta surja del silencio, no de la ansiedad.

Trabajar sin destruir también significa saber cuándo dejar de golpear. Hay momentos en que la obra necesita reposar, como el barro que debe secarse antes de ser horneado. Tu alma también necesita pausas. La meditación es esa pausa, ese taller silencioso donde la obra se contempla y se respeta. No hay prisa; el Gran Arquitecto no mide el tiempo como lo mide el mundo.

Ejercicio: Dedica diez minutos diarios a meditar sobre tu jornada. Recorre mentalmente tus palabras, tus actos, tus emociones. Observa dónde aplicaste fuerza sin precisión y dónde fuiste preciso pero sin impulso. No te castigues, solo observa. Luego imagina que pasas una mano de luz sobre esas áreas, suavizando los bordes ásperos, limpiando el polvo que quedó. Siente cómo la piedra interior se agradecida por tu atención consciente.

La meditación también te enseña a escuchar la voz de la piedra misma. Cada uno de nosotros tiene un ritmo de trabajo interior distinto. Algunos requieren golpes más seguidos, otros necesitan más contemplación. Aprende a escuchar ese ritmo, y descubrirás que hay sabiduría en tus pausas, en tus silencios, en los momentos en que decides no actuar porque sabes que aún no es tiempo.

Trabajar sin destruir es también trabajar con amor. Ama tus defectos porque te muestran dónde golpear; ama tus virtudes porque son la prueba de que el trabajo da fruto. Ama incluso tus errores, porque son los fragmentos caídos que te revelan que estás en movimiento. La meditación te ayuda a mirar todo esto sin juicio, con el corazón abierto, con la mente clara.

Cuando regreses a tu mazo y cincel después de meditar, sentirás que tus manos están más firmes, tus golpes más seguros, tus líneas más rectas. Habrá menos fragmentos rotos, menos polvo perdido. Cada golpe estará guiado por una comprensión más profunda, y cada trazo será más armonioso. Así, el taller se llena de música silenciosa, de belleza que surge del equilibrio entre acción y contemplación.

Recuerda, hermano, que la meditación no es un descanso inútil, sino parte esencial del trabajo. Es el momento en que el escultor contempla su obra, el momento en que el aprendiz escucha al maestro interior, el instante en que el templo se revela piedra a piedra. No temas detenerte. En la quietud se escucha mejor la voz del Gran Arquitecto.

Que esta práctica te acompañe siempre. Antes de golpear, medita. Antes de juzgarte, respira. Antes de transformar a otro, escucha. Así, cada paso de tu camino será un golpe preciso, un trazo amoroso, un acto consciente que honra la piedra que eres y la obra que estás llamado a ser.

III

La Escuadra:

La Ley de la Manifestación

Geometría sagrada: el descenso del Espíritu

El Aprendiz que ha comenzado a tallar su piedra, que ha despertado a su golem interior y que ha invocado la chispa divina, está listo para contemplar un principio más elevado: la geometría sagrada. Este no es solo un concepto arquitectónico, sino la llave de la armonía entre lo invisible y lo visible. Allí donde los antiguos constructores levantaban templos alineados con los astros y proporciones derivadas de la naturaleza, tú, hermano, debes levantar tu templo interior siguiendo las mismas leyes de armonía que gobiernan el cosmos.

Cuando tomas la escuadra en tus manos, te unes a una tradición milenaria que veía en las formas geométricas no solo herramientas prácticas, sino símbolos vivos. La línea recta es la verdad que no se curva ante la mentira. El ángulo recto es el pacto entre cielo y tierra. El círculo es la eternidad que no tiene principio ni fin. La geometría sagrada es la música silenciosa de las proporciones divinas, y tu tarea como Aprendiz es aprender a escucharla y reproducirla en tu propia vida.

Imagina una línea vertical descendiendo desde el cielo, pura, luminosa, sin desviación. Esa es la corriente del Espíritu que baja hacia ti, el ideal que te llama, la verdad eterna que busca encarnarse. Ahora imagina una línea horizontal extendiéndose sobre la tierra, firme y estable, representando tu vida material, tus actos, tu entorno. Allí donde ambas se cruzan se forma un ángulo recto: allí se encuentra el hombre verdadero, el que une cielo y tierra en sí mismo.

El descenso del Espíritu no es algo que sucede fuera de ti; es un proceso íntimo que se da cada vez que alineas tu mente, tu corazón y tus manos con un propósito más alto. Cada vez que eliges la rectitud por encima del interés, cada vez que decides actuar con justicia aunque nadie mire, el Espíritu desciende y se encarna en tu acción. El ángulo recto no es solo un símbolo grabado en un mandil; es una realidad viviente que se manifiesta cuando tu vida se ajusta a las proporciones divinas.

La tradición hermética enseña que "lo que está arriba es como lo que está abajo". Así, cuando trazas una escuadra perfecta en tu corazón, estás reflejando el orden celeste en tu vida terrena. Observa a tu alrededor: las hojas de los árboles crecen siguiendo la secuencia áurea, las espirales de los caracoles reproducen proporciones sagradas, las constelaciones dibujan figuras que los sabios han estudiado por siglos. Nada es caos; todo es geometría sagrada. ¿Por qué tu vida sería diferente?

Medita sobre esta imagen: un templo antiguo, sus columnas perfectamente alineadas, sus muros siguiendo proporciones exactas. Ahora mira tu vida. ¿Están tus pensamientos alineados con tus palabras? ¿Están tus palabras alineadas con tus acciones? ¿Hay rectitud en tus decisiones, o hay líneas torcidas que necesitan corregirse? La escuadra no es para juzgar, sino para orientar. Cada vez que enderezas una línea en tu vida, el Espíritu encuentra un camino más claro para descender.

Ejercicio: en silencio, toma papel y lápiz y dibuja una escuadra. En la línea vertical escribe tus ideales más altos: verdad, justicia, compasión, disciplina. En la línea horizontal escribe tus acciones cotidianas: trabajo, palabras, hábitos, relaciones. Observa dónde se encuentran ambas listas. ¿Tus actos reflejan tus ideales? Si no, marca los puntos que necesitan corregirse. Este simple ejercicio es una meditación activa que te ayudará a traer el orden celeste a tu vida diaria.

El descenso del Espíritu no siempre se siente como una revelación grandiosa. A menudo es un susurro, una intuición, un instante de claridad en medio de la confusión. Aprende a reconocer esos momentos y a honrarlos. Son como pequeñas luces encendidas en tu taller, que te permiten ver mejor la forma de tu piedra. Agradece cada chispa de comprensión, cada instante de alineación, porque son señales de que estás trabajando en armonía con la geometría sagrada.

A medida que profundices en tu camino, verás que la escuadra se convierte en algo más que una herramienta simbólica. Se convierte en una conciencia permanente de alineación. Comenzarás a sentir cuando una palabra está fuera de lugar, cuando una acción no encaja con tu propósito, cuando un pensamiento desvía tu dirección. Y entonces, como un maestro constructor, corregirás con calma, ajustando hasta que la obra recupere su belleza.

Hermano, el ángulo recto es más que una figura; es una vida bien vivida. Es el testimonio de que el Espíritu ha descendido y se ha hecho visible en tus actos. Que cada día, al mirar tus herramientas, recuerdes que trabajas no solo con piedra, sino con proporciones eternas. Que cada decisión sea un trazo recto en el plano de tu existencia. Y que, al final de tu jornada, puedas contemplar tu templo interior y decir: "He seguido la escuadra, he honrado la geometría sagrada, y el Espíritu habita en la obra que mis manos y mi corazón han creado."

Rectitud, medida y estructura interior

Cuando el Aprendiz ha contemplado la escuadra y la geometría sagrada, comienza a entender que no basta con mirar al cielo; debe llevar esos principios al detalle de su vida cotidiana. La rectitud no es solo un ideal abstracto, sino una práctica diaria, una actitud vigilante que se manifiesta en cada pensamiento, en cada palabra, en cada gesto. Es el hilo invisible que une las piedras de tu templo interior, asegurando que cada una esté bien colocada y en armonía con el conjunto.

La rectitud no significa rigidez inflexible; significa alineación consciente con los principios más elevados. Así como una columna se mantiene firme porque está bien nivelada, tú debes mantener tu vida alineada con la verdad y la justicia. Pregúntate cada día: ¿Mis palabras son rectas? ¿Mis decisiones están medidas? ¿La estructura de mi carácter resiste el peso de mis responsabilidades?

En los antiguos manuscritos de constructores se describía la importancia de la medida justa. Un muro puede parecer sólido, pero si sus proporciones no son correctas, tarde o temprano se derrumbará. Así también, si tus acciones no están medidas, pueden parecer virtuosas a primera vista pero no sostendrán el peso de las pruebas. La medida es saber cuándo hablar y cuándo callar, cuándo actuar y cuándo esperar, cuándo aplicar la fuerza del mazo y cuándo la precisión del cincel.

Imagina tu interior como un edificio en construcción. Las bases son tus valores, las columnas son tus hábitos, los muros son tus palabras y tus actos. Cada parte debe estar en su lugar, con la proporción adecuada. Si una columna se inclina, el resto de la estructura se ve afectada. Así también, si una parte de tu vida se desvía de la rectitud, el resto de tu ser se tambalea. La estructura interior es un trabajo constante de observación y ajuste.

Ejercicio: Dedica cada semana a revisar una parte de tu estructura interior. Un día enfócate en tus palabras: ¿edifican o destruyen? Otro día observa tus hábitos: ¿te acercan a la luz o te atan a la inercia? Otro día revisa tus pensamientos: ¿son claros y rectos o se enredan en sombras y excusas? Este examen continuo te permitirá fortalecer cada elemento de tu templo interior.

La rectitud también se refleja en la humildad de reconocer tus errores y corregirlos. No existe templo perfecto desde el primer día; toda obra requiere correcciones, nuevas mediciones, ajustes a lo largo del tiempo. No temas reconocer cuando una decisión fue torcida; enderezarla es un acto de valentía y un tributo a la verdad. La medida de un buen constructor no es no cometer errores, sino tener la sabiduría para repararlos.

La estructura interior se sostiene también con la coherencia entre lo que piensas, lo que sientes y lo que haces. Si estos tres aspectos están en conflicto, tu edificio interior se agrieta. La meditación diaria te ayuda a alinear estas dimensiones, a escuchar las disonancias internas y a trabajar para resolverlas. Con cada alineación, tu estructura se hace más fuerte, más capaz de sostener el peso de tus aspiraciones y el servicio a los demás.

En el simbolismo masónico, la rectitud es la base de la fraternidad. Un Aprendiz que cultiva la rectitud se convierte en un pilar confiable para sus hermanos, alguien en quien se puede confiar, alguien que sostiene el templo común. Tu ética personal no es un asunto aislado; afecta a toda la obra colectiva. Por eso, la rectitud no es solo virtud privada, es también servicio silencioso al mundo.

Contempla la escuadra y recuerda que cada línea recta es fruto de decisiones pequeñas pero constantes. No hay grandes templos sin miles de pequeños trazos rectos. Así también tu vida: no se construye solo con grandes gestos heroicos, sino con la constancia de actos sencillos, medidos y alineados con la luz. Esa es la verdadera estructura interior: un entramado de virtudes cultivadas día a día.

Hermano, toma tiempo para mirar dentro de ti. Revisa tus cimientos, endereza tus columnas, mide tus muros. Que cada palabra sea exacta, cada acto proporcional, cada pensamiento recto. Así, cuando el viento de las pruebas sople, tu templo interior permanecerá firme, porque está construido según la ley de la rectitud, la medida y la estructura que reflejan el orden divino. Y al final de tus días, podrás mirar tu obra y decir: "He medido con justicia, he edificado con amor, y mi estructura interior permanece como testimonio de mi camino bajo la escuadra sagrada."

Correspondencias con la Cábala y el Tarot

Cuando el Aprendiz se detiene ante la escuadra y reflexiona sobre la rectitud y la medida, pronto descubre que estas no son ideas aisladas, sino reflejos de verdades universales que se encuentran en diversas tradiciones esotéricas. Entre ellas destacan la Cábala y el Tarot, dos lenguajes simbólicos que han sido utilizados por los sabios para transmitir enseñanzas profundas sobre la estructura del cosmos y del alma humana. Comprender estas correspondencias amplía la visión del Aprendiz y le ofrece mapas internos para guiar su trabajo.

La Cábala nos habla del Árbol de la Vida, una estructura compuesta por diez sefirot o emanaciones divinas, unidas por senderos que representan los procesos de manifestación y retorno. Cada sefirá tiene una cualidad: Chesed es la misericordia expansiva, Geburah es la fuerza restrictiva, Tipheret es la armonía y la belleza que surge de su equilibrio. Cuando sostienes la escuadra en tus manos, hermano, estás trabajando con estas mismas fuerzas. El brazo vertical de la escuadra es como el Pilar de la Misericordia, el horizontal como el Pilar de la Severidad, y el ángulo recto donde se encuentran es Tipheret, el punto de equilibrio.

En cada golpe de mazo y cada trazo de cincel, estas energías se manifiestan. Si aplicas demasiada fuerza (Geburah) sin compasión (Chesed), la piedra se rompe. Si aplicas solo compasión sin fuerza, la piedra no se transforma. La Cábala te enseña que el camino del medio, el sendero del equilibrio, es el que revela la forma perfecta. Así, la escuadra no solo mide ángulos, mide también el flujo de energías internas entre la misericordia y la justicia.

El Tarot, por su parte, es un libro sin palabras, un conjunto de imágenes arquetípicas que describen el viaje del alma. El Aprendiz puede encontrar en los arcanos mayores espejos de su propio proceso. Considera la carta de *La Justicia*: una figura sosteniendo una balanza y una espada, símbolo de equilibrio y decisión. Esa carta es la encarnación visual de la escuadra, recordándote que toda acción debe ser pesada con rectitud y toda decisión tomada con claridad.

Otro arcano significativo es *El Mago*, quien trabaja con los cuatro elementos representados por los cuatro palos del Tarot: bastos (fuego, voluntad), copas (agua, emoción), espadas (aire, pensamiento), y oros (tierra, manifestación). El Mago, al igual que tú como Aprendiz, debe aprender a usar estas herramientas con maestría, equilibrando su energía interior para que el Espíritu pueda descender y obrar a través de sus manos.

Observa cómo estas correspondencias enriquecen tu práctica. Cuando tomas la escuadra y alineas tus actos, recuerda a Tipheret, la belleza equilibrada entre rigor y amor. Cuando usas el mazo, recuerda a Geburah, la fuerza necesaria, pero siempre bajo la guía de Chesed, la misericordia. Y cuando reflexionas en silencio, recuerda a *El Ermitaño* del Tarot, que se aparta del ruido para escuchar la voz de la luz interior, sosteniendo su linterna que ilumina el siguiente paso.

Ejercicio de meditación: dibuja el Árbol de la Vida en una hoja y coloca junto a cada sefirá un arcano mayor que resuene contigo. Por ejemplo, en Tipheret coloca *La Justicia* o *El Sol*, en Geburah coloca *La Torre* (como fuerza disruptiva que libera), en Chesed coloca *El Emperador* (como estructura amorosa). Luego contempla la escuadra y observa cómo estas energías y símbolos convergen en tu propio trabajo interior. Siente cómo la geometría sagrada de la escuadra se alinea con la geometría mística del Árbol.

Con el tiempo, estas correspondencias se volverán naturales. Verás en cada herramienta un reflejo de principios universales, y en cada acto consciente una oportunidad de manifestar esos principios. Tu taller se convertirá en un laboratorio alquímico, donde la piedra bruta se transforma bajo la guía de símbolos ancestrales.

Hermano, no olvides que estas enseñanzas no son solo para ser admiradas, sino aplicadas. La Cábala y el Tarot no son juegos ni ornamentos intelectuales; son llaves para abrir puertas interiores. Úsalas con reverencia, y cada día descubrirás nuevas conexiones entre el mazo, el cincel, la escuadra, y los arcanos eternos que habitan en tu alma. Así, el Arte Real se convierte en un puente vivo entre las estrellas y la tierra, entre la palabra y la forma, entre el misterio y la obra concreta de tu vida.

Ejercicio: trazar el ángulo recto en el alma

Ahora, hermano, que has comprendido la relación entre la escuadra, la geometría sagrada, la Cábala y el Tarot, es tiempo de poner estas enseñanzas en práctica en el santuario de tu interior. Trazar el ángulo recto en el alma no es un acto simbólico vacío; es un ejercicio de alineación profunda entre tu pensamiento, tu emoción y tu acción. Es un rito silencioso que puedes realizar cada día para mantenerte en el sendero de la rectitud y la belleza. Cuando practicas este ejercicio, estás trazando planos invisibles para el templo que eres y serás.

Busca un espacio sereno, donde puedas sentarte sin interrupciones. Si tienes una escuadra física, colócala frente a ti; si no, imagina una de luz. Cierra los ojos y toma varias respiraciones profundas, inhalando paz y exhalando distracciones. Siente cómo tu mente se aclara, cómo tu corazón se apacigua, cómo tus manos se disponen al trabajo. Si quieres, enciende una vela y observa cómo su llama recta se convierte en símbolo de la línea vertical que deseas imprimir en tu vida.

Visualiza en tu interior una piedra bruta suspendida en la penumbra. Esa piedra eres tú, con todas tus virtudes latentes y tus imperfecciones visibles. Ahora imagina que desde lo alto desciende una línea de luz dorada, recta, pura, vertical, atravesando tu coronilla y llegando hasta tus pies. Esa es la línea del Espíritu, la conexión directa con lo divino, la columna de verdad que da sentido a tu vida. Siente cómo esa línea se enraíza en la tierra y al mismo tiempo se proyecta hacia el infinito, recordándote que eres vínculo entre lo eterno y lo temporal.

Luego imagina una línea horizontal de luz azul, que se extiende a la altura de tu corazón, cruzando tu pecho de lado a lado. Esa línea es el mundo, la manifestación de tus actos, la forma en que tu vida se proyecta hacia los demás. Esa línea toca a todos los que amas, a quienes sirves, a tus hermanos de taller. Observa cómo ambas líneas se encuentran en un ángulo perfecto justo en tu corazón, formando la escuadra sagrada dentro de ti. Allí, en ese cruce, se establece un centro vibrante donde cielo y tierra se abrazan.

Mantén esta imagen en tu mente y comienza a reflexionar: ¿Dónde no estoy alineado? ¿Dónde mis palabras se apartan de mis pensamientos? ¿Dónde mis actos no reflejan mi esencia? Sin juicio, sin prisa, observa cada arista torcida, cada muro inclinado de tu templo interior. Luego, con la luz de la escuadra, comienza a enderezar mentalmente esas líneas. Visualiza cómo tus palabras se vuelven rectas, cómo tus decisiones se alinean, cómo tus emociones se apaciguan y fluyen en armonía. Hazlo con paciencia, como un maestro que revisa su obra al final de la jornada.

Puedes reforzar este ejercicio recitando en silencio palabras de poder: "Verdad en mi mente, justicia en mi corazón, rectitud en mis manos." Cada frase es un golpe suave de mazo, cada imagen un trazo de cincel. Si deseas, acompaña estas frases con gestos simbólicos: toca tu frente al decir "Verdad", tu pecho al decir "Justicia", y tus manos al decir "Rectitud". Estos gestos anclan en tu cuerpo la energía que invocas.

Para profundizar aún más, imagina que caminas dentro de un templo interior iluminado tenuemente. Las columnas se alzan como guardianes de virtudes: paciencia, valor, misericordia, disciplina. Con la escuadra en la mano, recorres el templo, verificando que cada columna esté recta. Donde encuentres una torcida, colócala bajo la escuadra y visualiza cómo se endereza. Mientras lo haces, siente cómo tu respiración acompaña el proceso: inhalas para observar, exhalas para enderezar. Este trabajo imaginativo actúa sobre tu subconsciente, ayudándote a integrar la rectitud en cada aspecto de tu vida.

A medida que practiques, añade detalles: escucha el sonido de tus pasos en ese templo interior, siente la textura de la piedra bajo tus manos, percibe el aroma del incienso que llena el aire. Este tipo de imaginación sensorial hace que la experiencia se vuelva más real y más efectiva. Pronto notarás que, al enfrentarte a una decisión difícil en la vida cotidiana, recordarás espontáneamente la escuadra y el ángulo recto de tu meditación.

Haz de este ejercicio un hábito. Realízalo al inicio de cada jornada o antes de una decisión importante. También puedes hacerlo al finalizar el día, repasando tus actos y corrigiendo mentalmente lo que se torció. Con el tiempo, notarás que no solo tu mente se aclara, sino que tus acciones comienzan a alinearse de manera natural. La escuadra interior se convierte en tu guía silenciosa, recordándote que cada acto es un trazo en la obra maestra de tu vida.

No subestimes el poder de este sencillo acto. Lo que parece un juego de la imaginación es en realidad un trabajo profundo sobre tu conciencia. El subconsciente responde a símbolos y, al repetirte esta imagen, tu ser interior empieza a actuar de acuerdo con ella. Lentamente, la rectitud imaginada se convierte en rectitud vivida. La geometría sagrada se inscribe en tu conducta.

Hermano, trazando el ángulo recto en tu alma construyes un templo que ningún terremoto puede derribar. Cada línea recta que marcas en tu interior refuerza tu conexión con el Gran Arquitecto del Universo y te acerca a la obra perfecta que estás llamado a realizar. Que este ejercicio te acompañe siempre, que tu corazón sea el punto donde se cruzan la línea del cielo y la línea de la tierra, y que tu vida entera sea una escuadra viviente, testimonio eterno de la geometría sagrada que habita en ti. Recuerda: cada día es una nueva oportunidad de tomar la escuadra en tus manos y alinear tu mundo interior con la verdad eterna que lo sostiene.

IV

La Venda:

Oscuridad antes de la luz

El símbolo del velo iniciático

Hermano, antes de que la luz te sea revelada plenamente, la Orden te coloca un velo ante los ojos. No es un obstáculo sin sentido, sino un símbolo profundo de lo que significa caminar hacia lo desconocido. El velo es la venda que cubre tu mirada durante la ceremonia, pero también es la representación de todas las ilusiones y condicionamientos que aún cubren tu percepción interior. Comprender su significado es un paso esencial en tu sendero iniciático y una clave para tu despertar espiritual.

El velo iniciático habla del misterio y del silencio. Cuando tus ojos están cubiertos, el mundo exterior se apaga y tu atención se vuelve hacia dentro. Es en ese momento, privado de imágenes y distracciones, que comienzas a escuchar la voz de tu interioridad. Allí donde el ojo físico no ve, el ojo del espíritu comienza a abrirse. El velo no es una negación de la luz; es un espacio de gestación donde la luz se prepara para nacer en ti. Tal como la semilla germina en la oscuridad de la tierra antes de brotar, así tu conciencia crece en el misterio antes de expandirse.

En las antiguas escuelas de misterios, el velo era colocado a quienes iban a recibir una revelación, no para castigarlos, sino para purificar su atención. La venda que llevas sobre los ojos en el rito simboliza también la renuncia a la mirada superficial, a los prejuicios y apariencias que distorsionan la verdad. Mientras el velo permanece, tu alma aprende a caminar sin ver, a confiar en la voz del guía, a ejercitar la fe en lo invisible. Esa fe no es ciega ignorancia, sino certeza profunda de que existe un orden superior guiando cada paso. Este aprendizaje del no-ver para aprender a ver es uno de los misterios más antiguos del sendero iniciático.

Imagina, hermano, que ese velo es también el conjunto de tus creencias limitantes, tus temores y tus hábitos inconscientes. Cada hilo de esa tela representa un concepto erróneo sobre ti mismo o sobre la vida. Tal vez uno de esos hilos es el miedo al fracaso, otro la duda de tu propio valor, otro la costumbre de mirar solo lo material. El trabajo del Aprendiz consiste en reconocerlos, hilo a hilo, y comenzar a desprenderlos. Este proceso es lento y requiere paciencia, pero cada hilo que se suelta permite que la luz penetre más en tu alma. Cada vez que logras desprender un hilo, sientes alivio, claridad, una nueva forma de percibir.

El velo tiene además un sentido de protección. En la tradición cabalística se habla de *Daath*, el conocimiento oculto, situado entre las sefirot superiores e inferiores. Se dice que Daath es un velo: no puedes atravesarlo sin preparación, porque la luz que contiene es demasiado intensa para quien no ha purificado su corazón. Así, el velo iniciático te resguarda de recibir más de lo que puedes integrar en ese momento. Es una caricia de la Orden que te dice: "Aún no, espera, crece un poco más, fortalece tu piedra antes de que la luz sea demasiado fuerte para ti." Esta protección evita que la chispa divina te abrase antes de que puedas sostenerla con serenidad.

Observa cómo en la naturaleza hay velos protectores: la membrana que envuelve al germen de la semilla, la cáscara que protege al fruto, la placenta que guarda al niño por nacer. De igual manera, el velo iniciático es un símbolo de gestación espiritual. No es un castigo, es un cuidado. Cuando finalmente cae, es porque la vida interna está lista para enfrentarse a la luz y crecer con ella. El velo es, entonces, la noche que precede al alba, la cueva que precede a la salida al mundo, el útero de la verdad.

Ejercicio meditativo: siéntate en un lugar tranquilo y cierra los ojos. Visualiza un velo suave que cubre tu rostro. Siente su textura, su peso ligero, la tibieza de la tela. Pregúntate: ¿qué no estoy viendo en mi vida? ¿Qué verdades se ocultan tras mis miedos? Permite que aparezcan imágenes, intuiciones, palabras. No busques forzarlas; déjalas surgir del silencio como quien espera un amanecer. Luego, imagina que poco a poco ese velo se vuelve transparente, permitiendo que la luz pase a través de él. Siente cómo tu mirada interior se agudiza, cómo empiezas a percibir con mayor claridad lo que antes estaba oculto. Repite este ejercicio durante varios días; notarás cómo tu intuición se afina y cómo comienzas a descubrir velos que ya no necesitas.

Puedes también ritualizar este símbolo en tu vida cotidiana. Antes de dormir, imagina que colocas un velo sobre tus preocupaciones del día. Dales descanso, entrégaselas al silencio. Al despertar, imagina que ese velo se levanta y la claridad renace. Con el tiempo, este simple gesto te recordará que los velos no son eternos, que cada noche es un aprendizaje y cada día una revelación. También puedes escribir en un cuaderno aquello que sientas que aún está velado en tu vida; al releer con el paso de los días, notarás cómo la niebla se disipa poco a poco.

Cuando llegue el día en que el velo se retire de tus ojos durante el rito, sabrás que no es solo un gesto externo. Representa la caída de tus velos internos, la apertura de tu visión espiritual. Ya no mirarás solo con tus ojos físicos; aprenderás a ver con el ojo del corazón. Entonces, cada símbolo, cada palabra, cada silencio en la Logia cobrará un sentido nuevo y profundo. Las columnas te hablarán, el mosaico te revelará su enseñanza, el Ara vibrará en tu interior y tu mirada abarcará mucho más de lo que antes parecía posible.

Hermano, honra siempre el símbolo del velo. No te apresures a rasgarlo, no lo rechaces como si fuera un impedimento. Es parte de tu proceso, es tu maestro silencioso. Mientras caminas en la penumbra, aprende a escuchar, a sentir, a confiar. Y cuando llegue la luz, recibirás no solo claridad, sino también la humildad de quien sabe que la visión se conquista paso a paso, velo tras velo, hasta que el alma queda desnuda ante la verdad. En esa desnudez descubrirás no debilidad, sino fortaleza; no confusión, sino sabiduría; no sombra, sino la luz que siempre estuvo esperando en silencio. Que este símbolo te acompañe siempre, recordándote que el camino hacia la luz es también el camino hacia el corazón profundo de tu ser.

Daath y el no-saber fértil

Cuando el Aprendiz se encuentra ante el velo, su mente se llena de preguntas. ¿Qué hay más allá? ¿Cuál es el siguiente paso? En este punto surge la enseñanza de *Daath*, un concepto profundo de la Cábala que significa "conocimiento", pero también designa un abismo misterioso, una puerta que conecta lo visible con lo invisible. Daath no es una sefirá como las demás; es un punto de paso, un espacio intermedio donde se exige al iniciado renunciar a lo que cree saber para abrirse a lo que todavía no puede comprender. Es la grieta luminosa entre dos mundos, el puente entre lo manifestado y lo inmanifestado, la respiración silenciosa del Árbol de la Vida.

Este estado es lo que los sabios llaman el **no-saber fértil**. No se trata de ignorancia, sino de una vaciedad consciente, una mente que se desprende de sus conclusiones para volverse receptiva. Así como la tierra debe quedar en barbecho para renovarse y ofrecer frutos más ricos, tu mente y tu corazón deben aceptar el vacío para recibir nuevas semillas de luz. Daath es ese lugar silencioso donde tu lógica no alcanza, donde tus explicaciones no bastan, donde solo la intuición y la fe pueden guiarte. Este vacío no es un abismo que aterra, sino un útero de posibilidades, un espacio fecundo donde la semilla de la sabiduría divina comienza a germinar.

En el sendero iniciático, llegar a Daath implica atravesar un umbral de humildad radical. Hasta ese momento, has trabajado con símbolos que puedes comprender: la piedra, el mazo, el cincel, la escuadra. Has recibido enseñanzas que tu mente puede organizar. Pero al acercarte al misterio mayor, descubres que las herramientas del intelecto ya no son suficientes. Daath se abre cuando te atreves a soltar las certezas, cuando te permites decir: "No sé... pero estoy dispuesto a aprender." Cuando pronuncias estas palabras en silencio, se rompe un antiguo hechizo: el de creer que puedes controlar el misterio con la razón.

Imagina una vasta biblioteca en penumbra. Has leído muchos libros, aprendido muchas lecciones, pero de pronto llegas a una puerta cerrada. Sobre ella hay una inscripción: *Aquí comienza el no-saber*. Para cruzarla, debes dejar atrás tus libros, tus mapas, incluso tus preguntas. Dejas tus herramientas y entras con las manos vacías y el corazón abierto. En ese vacío comienzas a sentir algo nuevo: la presencia de lo divino, el murmullo de una sabiduría que no puede expresarse con palabras. Allí, cada página no escrita es más elocuente que todos los tratados leídos, cada silencio tiene más densidad que mil discursos.

La Cábala enseña que Daath es el velo que separa el mundo superior del inferior, y que solo a través de la humildad se puede recibir su luz. No se trata de acumular más datos, sino de volverse transparente, disponible, silencioso. Hermano, cuando medites en Daath, no busques respuestas inmediatas; busca la actitud interior de apertura. Permite que el silencio sea fértil, que las semillas de lo desconocido se planten en tu conciencia. Recuerda que en el lenguaje secreto de los maestros, lo no comprendido no es fracaso, sino un jardín aún sin explorar.

Considera la metáfora del alquimista: antes de alcanzar la Piedra Filosofal, debe atravesar la *nigredo*, la oscuridad primordial donde todo se disuelve. Daath es esa *nigredo* espiritual, ese estado en el que las viejas estructuras se desvanecen para que algo nuevo pueda nacer. Quien se aferra a sus antiguos moldes nunca cruza el umbral; quien acepta ser arcilla maleable descubre formas insospechadas.

Ejercicio: siéntate en silencio y respira profundamente. Imagina que te encuentras ante una puerta de luz. No hay cerradura, solo un espacio que espera ser atravesado. Antes de cruzar, deja a un lado tus preguntas, tus definiciones, tus dudas y tus dogmas. Imagina que los colocas en un cofre a la entrada. Siente el alivio de soltar lo que pesa. Luego, da un paso adelante, sin saber qué hay al otro lado. Permanece en ese espacio unos minutos, sintiendo la amplitud, el misterio, el no-saber fértil. Escucha los sonidos sutiles que surgen, como si fueran semillas abriéndose dentro de ti. Al terminar, toma tu cofre de nuevo, pero observa cómo algo ha cambiado: tus preguntas ahora son más suaves, tus certezas menos rígidas, tu corazón más amplio.

Repite este ejercicio varias veces a la semana. Hazlo en distintos momentos: al amanecer, cuando la luz comienza a surgir, y al anochecer, cuando el mundo se sumerge en penumbra. Notarás cómo tu percepción se vuelve más delicada, cómo tu intuición florece sin que lo fuerces. Aprenderás a amar el no-saber porque descubrirás que allí germina la verdadera gnosis.

Este ejercicio te ayudará a cultivar la paciencia ante el misterio. No todo será revelado de inmediato; algunas verdades necesitan tiempo y madurez para manifestarse. Daath es el recordatorio de que el conocimiento verdadero no se impone, se recibe cuando el alma está preparada. Tal como la lluvia cae sobre la tierra lista para recibirla, así la luz caerá sobre tu interior cuando hayas labrado el terreno del no-saber fértil. Cuando llegues a ese estado, cada símbolo masónico cobrará nuevas capas de sentido, cada silencio de la Logia será una puerta abierta, cada mirada fraterna será un destello de ese conocimiento velado.

Hermano, no temas a Daath. No huyas del vacío ni del misterio. Abraza ese espacio como el taller más profundo de tu alma. Allí, en el silencio entre dos mundos, se gesta la sabiduría que transformará tu piedra y te hará digno de mayores luces. Que cuando llegues a ese umbral, puedas decir con humildad: "No sé... pero confío." Y que de ese no-saber nazca en ti una claridad nueva, pura y eterna, como un río de luz que brota de la fuente misma del Gran Arquitecto del Universo. Que tu corazón aprenda a latir al ritmo del misterio, y que tu vida entera sea testimonio de la belleza que solo el no-saber fértil puede engendrar.

El silencio como alquimia de la percepción

El silencio, hermano, no es mera ausencia de sonido; es una fuerza activa, una fragua invisible donde se transmutan las impresiones y se depura la percepción. Así como el alquimista coloca los metales impuros en el horno para transformarlos, tú colocas tus pensamientos dispersos, tus emociones turbias y tus dudas en el crisol del silencio. Allí, bajo la acción de un fuego que no quema sino purifica, tu mirada interior comienza a volverse más clara, más penetrante, más capaz de percibir la verdad detrás de las apariencias.

Cuando te adentras en el silencio, descubres primero el ruido que llevas dentro: voces, recuerdos, temores, deseos.

Este ruido es la escoria que flota en la superficie de la mente. No te impacientes; obsérvalo, déjalo asentarse. Poco a poco, como en una decantación, las aguas interiores se clarifican. Entonces, surge un tipo de percepción que no depende de los ojos físicos ni de los sentidos habituales. Surge una intuición serena, una visión que ve lo esencial, que reconoce lo verdadero más allá de las máscaras.

La alquimia del silencio es un arte milenario. Los antiguos místicos se retiraban a cuevas o desiertos no para huir del mundo, sino para crear las condiciones propicias para escuchar la voz del Espíritu. El ruido externo, la multitud de estímulos, puede dispersar la atención; el silencio la concentra como una lupa concentra los rayos del sol. Y cuando la atención está concentrada, penetra como espada de luz en el corazón de los símbolos y las experiencias, revelando significados que antes permanecían ocultos.

Ejercicio de transmutación: busca un lugar donde puedas permanecer sin interrupciones. Apaga dispositivos, reduce las luces, y si lo deseas, enciende una vela que simbolice la llama de tu conciencia. Siéntate cómodamente y cierra los ojos. No intentes controlar los pensamientos; obsérvalos como nubes que cruzan el cielo. Cuando surjan emociones, no las reprimas ni las alimentes; simplemente míralas, como quien contempla un río desde la orilla. Permanece así, respirando suavemente, permitiendo que la mente se aquiete y se haga receptiva a una dimensión más profunda.

Con el tiempo, sentirás que debajo del ruido hay un espacio vasto y silencioso, como un cielo despejado detrás de las nubes. En ese espacio, tus percepciones se afinan. Comienzas a notar matices en las personas, en los símbolos, en los momentos cotidianos. Es como si un velo cayera de tus ojos y pudieras ver la vida con una luz más sutil y más verdadera. Allí ocurre la alquimia: la percepción ordinaria se transforma en percepción iniciática, capaz de captar la vibración oculta en cada gesto, en cada palabra, en cada silencio compartido.

El silencio también actúa como un espejo. En él te ves tal como eres, sin adornos ni máscaras. Al principio puede incomodar, porque te enfrentas a tus sombras, a tus imperfecciones, a los pensamientos que preferirías evitar. Pero con el tiempo aprendes a amarlo, porque es solo en ese espejo donde puedes corregir lo que está torcido y pulir lo que ya es hermoso. Cada sesión de silencio es un pulido más en la piedra de tu alma, un paso más hacia la perfección. Cada instante de silencio consciente es un ladrillo más en el templo que edificas.

Amplía tu práctica de silencio integrándola a tu día. Al caminar por un sendero natural, apaga el ruido de tus pensamientos y escucha el viento, el canto de los pájaros, el murmullo del agua. Permite que la naturaleza sea tu maestra, que te enseñe cómo el silencio sostiene toda vida. En una conversación, practica escuchar más que hablar; descubre cómo, al acallar tu voz, escuchas no solo las palabras del otro, sino su intención, su emoción, su espíritu.

Recuerda que en la Logia, el silencio no es vacío; es presencia. Es el espacio donde la palabra cobra sentido y donde la enseñanza se asienta. Cuando un hermano guarda silencio durante una tenida, está trabajando en su interior, permitiendo que la enseñanza se deposite como semilla. Así también tú, en tu taller personal, debes cultivar momentos de silencio para permitir que la sabiduría germine. El silencio es la tierra fértil donde la semilla de la verdad puede echar raíces y brotar.

Integra este ejercicio en tu vida diaria. Antes de una conversación importante, guarda unos minutos de silencio. Antes de tomar una decisión, siéntate en quietud. Antes de dormir, permítete unos instantes de pausa para revisar tu jornada sin palabras. Durante el día, practica breves intervalos de silencio interior, aunque el mundo alrededor continúe su ruido. Con el tiempo, descubrirás que el silencio se convierte en tu aliado, en tu consejero más fiel, en el alquimista que transforma tu percepción bruta en oro de comprensión.

Hermano, no temas al silencio. Es el taller secreto del alma, el lugar donde el Gran Arquitecto susurra sus planes. Que tu corazón aprenda a amarlo, que tu mente lo busque como quien busca el agua pura, y que tus ojos, después de cada inmersión en él, vean el mundo con una claridad nueva. Porque en el silencio se esconde la llave de todos los misterios, y solo aquel que se atreve a sumergirse en él puede descubrir la luz que aguarda en lo profundo. Que cada silencio vivido se convierta en un acto de amor hacia tu propia obra interior, y que cada instante de quietud sea un tributo al Gran Arquitecto que te guía.

Meditación: ver en la oscuridad

Hermano, habiendo comprendido el símbolo del velo y el valor del silencio, es momento de internarte en una práctica más profunda: la meditación de ver en la oscuridad. No se trata de abrir los ojos físicos, sino de despertar la visión interna, esa que nace cuando la mente se aquieta y el corazón se abre a lo invisible. Este ejercicio te enseñará a reconocer luces donde antes solo había sombras, a encontrar orientación en medio de lo desconocido, a descubrir la llama secreta que habita en tu propio interior.

En la oscuridad física, nuestros sentidos se agudizan. El oído percibe sonidos que antes pasaban inadvertidos, el tacto se vuelve más sensible, el olfato más sutil. Así también, cuando entras en la oscuridad interior, comienzas a desarrollar sentidos espirituales. El ruido del mundo disminuye y tu percepción se desplaza hacia lo esencial. Ya no buscas formas definidas, sino vibraciones, intuiciones, destellos que surgen en la penumbra.

Busca un lugar tranquilo y con poca luz. Si es posible, realiza esta práctica de noche, cuando el mundo exterior se sumerge en silencio. Siéntate cómodamente y cierra los ojos, aunque ya estés rodeado de oscuridad. Respira profundamente varias veces, sintiendo cómo cada inhalación es un descenso hacia tu interior y cada exhalación es una entrega de todo lo que sobra: preocupaciones, tensiones, expectativas.

Ahora imagina que te encuentras en una cueva profunda. La oscuridad es total. Al principio, puede que sientas inquietud, incluso temor. Permite que esas sensaciones aparezcan y luego déjalas ir, como quien observa nubes moviéndose en el cielo nocturno. Poco a poco, notarás que la oscuridad no es un vacío amenazante, sino un espacio envolvente, casi maternal, que te sostiene. En esa oscuridad, busca con tu visión interna una chispa de luz. Puede aparecer como un pequeño punto, un fulgor, un símbolo.

Esa chispa es tu propia esencia, la chispa divina que nunca se apaga. Obsérvala, acércate a ella con la mente y el corazón. Siente cómo su luz comienza a expandirse lentamente, iluminando primero un pequeño círculo a tu alrededor, luego un espacio mayor, hasta que la cueva interior se llena de claridad suave. Esa luz no viene de afuera; surge de ti, de lo más profundo de tu ser. Es la misma luz que el Gran Arquitecto encendió cuando te creó.

Permanece en esta contemplación todo el tiempo que desees. Si aparecen pensamientos, déjalos pasar sin aferrarte. Si surgen emociones, obsérvalas como sombras iluminadas por tu chispa interna. Cuanto más practiques, más fácil te será encontrar esa luz en medio de cualquier oscuridad, ya sea interior o exterior. Con el tiempo, descubrirás que no existe verdadera oscuridad para quien ha encendido su lámpara interna.

Esta meditación también te enseña a caminar en la vida cotidiana con una visión más profunda. Cuando enfrentes problemas o incertidumbres, recuerda la experiencia de la cueva interior. Recuerda que, aun cuando todo parece oscuro, en ti habita una luz que puede guiarte. Esa luz es la intuición, la voz silenciosa del alma, el reflejo de la sabiduría del Gran Arquitecto en tu corazón.

Ejercicio adicional: realiza esta meditación después de un día difícil. Permite que la oscuridad absorba tus preocupaciones y que la chispa interna las transmute en comprensión. Al terminar, abre los ojos lentamente y observa tu entorno. Notarás que los objetos cotidianos, las personas y los acontecimientos parecen cargados de un significado más profundo, como si la luz interior iluminara también el mundo exterior.

Hermano, ver en la oscuridad no es un don reservado a unos pocos; es una capacidad que todos llevamos dentro, esperando ser cultivada. Practica con paciencia, con humildad, con amor por ti mismo y por el misterio que te rodea. Que esta meditación te acompañe siempre, enseñándote que incluso en las noches más largas, una chispa divina arde en lo profundo de tu ser, guiándote paso a paso hacia la luz perfecta.

V

La Luz:

Primer destello del espiritu

La Luz simbólica y la Luz astral

Hermano, después de haber caminado en la penumbra y de haber aprendido a ver en la oscuridad, llega el momento de hablar de la Luz. Pero no de la luz vulgar que ilumina las calles y los talleres, sino de aquella Luz que se oculta detrás de los símbolos y que vivifica a todo iniciado. En nuestro Oficio, la Luz es más que un fenómeno físico; es un estado del alma, es una vibración que conecta al hombre con lo divino, es el lenguaje silencioso mediante el cual el Gran Arquitecto se comunica con el corazón de quienes han decidido trabajar su piedra interior.

Cuando recibiste la Luz en la ceremonia de iniciación, no recibiste simplemente el permiso de quitarte la venda; recibiste una semilla de percepción nueva. Esa Luz simbólica representa la conciencia que se enciende en ti al ser aceptado como Aprendiz. Es la primera chispa que te permite mirar el mundo con otros ojos. De pronto, lo que antes era solo materia se vuelve símbolo, lo cotidiano se vuelve sagrado, y lo oculto comienza a insinuarse en cada experiencia. Es como si cada piedra de tu camino se iluminara con un tenue resplandor, revelando un mapa secreto que antes no podías descifrar.

La Luz simbólica es la herencia de los constructores que nos precedieron. Ellos entendían que toda obra visible está sostenida por una realidad invisible. Por eso, cuando hablamos de Luz, hablamos de la claridad de la mente que se alinea con el corazón, hablamos del instante en que los velos caen y el sentido profundo de las cosas se revela. Cada enseñanza, cada herramienta, cada símbolo que la Orden pone en tus manos es un rayo de esa Luz simbólica. Ella no se extingue al finalizar la tenida; te acompaña al salir, impregnando tu vida cotidiana con destellos de significado que guían cada uno de tus pasos.

Pero existe también la Luz astral, esa luz sutil que los antiguos magos y cabalistas describieron como el medio invisible en el que flotan las imágenes, los pensamientos y las fuerzas espirituales. Es la sustancia luminosa que envuelve al mundo y que recibe las impresiones de todo lo que sucede. Cuando un iniciado medita profundamente, puede percibir destellos de esta Luz astral: colores que no existen en la paleta física, formas que no pertenecen a este plano, mensajes que llegan como intuiciones fulgurantes, como susurros de un plano más alto que se abre por un instante para dejarte ver lo eterno.

La Luz astral no es un mito; es una experiencia real para quien se adentra en los misterios con pureza y disciplina. Es como un océano de energía luminosa que refleja el estado de tu alma. Si tu interior está turbio, la Luz astral se percibe confusa; si tu interior está claro y sereno, la Luz astral se vuelve espejo de verdades superiores. Por eso, los antiguos decían que la pureza de corazón es la primera condición para trabajar con la Luz astral. Esa pureza no se logra en un solo día; se cultiva con cada pensamiento noble, con cada acto justo, con cada silencio que guarda una intención sagrada.

Cuando unes la Luz simbólica y la Luz astral, comienzas a caminar con una doble visión. Por un lado, la Luz simbólica te da la interpretación de los signos visibles; por otro lado, la Luz astral te abre a una percepción directa de las realidades sutiles. Ambas trabajan juntas: el símbolo ilumina tu mente y el astral ilumina tu espíritu. Así, cada experiencia se vuelve un puente entre el mundo material y el mundo de las causas. Ya no caminas ciego por la vida; caminas con una lámpara en la mano y otra en el corazón.

Piensa en el arquitecto que, antes de colocar la primera piedra, contempla los planos invisibles del templo. Así también tú, antes de cada decisión, puedes detenerte a contemplar la Luz simbólica de los principios que guían tu vida y la Luz astral de las intuiciones que nacen en el silencio. Uniendo ambas, construyes no solo con materia, sino con visión. Cada golpe de mazo se convierte en oración, cada trazo de cincel en meditación activa, cada línea recta en una declaración de fe en el orden del universo.

Ejercicio de contemplación: después de una meditación, en un lugar tranquilo y con luz tenue, observa una vela encendida. Contémplala no solo como fuego físico, sino como representación de la Luz simbólica que ilumina tu conciencia. Siente cómo esa llama arde sin ruido, constante, como tu propio corazón cuando está alineado con la verdad. Luego cierra los ojos y observa la imagen de esa llama en tu mente. Permite que se expanda hasta llenarte por dentro. Visualiza cómo su calor se convierte en intuición, cómo su luz ilumina rincones de tu memoria y de tu presente que antes estaban en sombra. Si practicas con regularidad, notarás que esa llama interna comienza a irradiar hacia tus pensamientos, purificándolos, y hacia tus emociones, serenándolas. Con el tiempo, descubrirás destellos de la Luz astral: sensaciones sutiles, imágenes inesperadas, intuiciones que guían tus pasos incluso en medio de las tinieblas.

Para profundizar, puedes intentar este ejercicio al aire libre, bajo el cielo estrellado. Observa cómo las estrellas titilan en la noche y recuerda que cada una es una chispa de Luz astral que ha viajado siglos para llegar a tus ojos. Cierra los párpados y siente cómo esas luces lejanas también habitan en tu interior, como memorias de un origen divino. Permite que esa percepción se asiente y comprenderás que tu alma es también una estrella en el firmamento del Gran Arquitecto.

Hermano, cada vez que veas la Luz simbólica en la Logia, recuerda que es un reflejo de la Luz mayor que habita en ti. Cada vez que percibas un destello interior, recuerda que el mundo está tejido de luz visible e invisible, y que tu tarea como Aprendiz es aprender a caminar entre ambas. Que esta comprensión te acompañe, que tus ojos se acostumbren a la claridad sin perder la humildad ante el misterio, y que tu corazón se convierta en lámpara viva bajo la bóveda del Gran Arquitecto del Universo. Que tu vida misma se vuelva un faro para quienes aún caminan en la penumbra, y que tu ejemplo sea una antorcha que encienda otras luces en el sendero sagrado del Oficio.

El fuego del alma y el despertar de la conciencia

El paso siguiente, hermano, tras recibir la Luz simbólica y vislumbrar la Luz astral, es comprender el fuego que arde en tu interior. Este fuego no es de las antorchas ni de los hornos, es un fuego sutil y sagrado: el fuego del alma. Cuando el Aprendiz toma contacto con ese fuego, comienza un proceso irreversible de transformación interior, pues la conciencia se despierta y el mundo entero se revela como un taller espiritual. Comprenderlo es abrazar la idea de que cada instante de tu vida, cada prueba, cada palabra, es parte de una obra mayor que el Gran Arquitecto construye contigo.

El fuego del alma es la energía vital que el Gran Arquitecto ha depositado en cada ser humano. Es el impulso que te lleva a buscar la verdad, el anhelo que no se satisface con lo superficial, la chispa que te recuerda que no eres solo materia, sino espíritu encarnado en piedra viva. A veces arde como una pequeña chispa, otras veces como una hoguera radiante que ilumina todo a tu alrededor, llenando de sentido hasta el gesto más humilde. Aprender a reconocer ese fuego, alimentarlo y dirigirlo, es parte esencial de tu trabajo iniciático y de tu compromiso con el Arte Real.

Cuando el fuego del alma se enciende, comienzas a experimentar un despertar de conciencia. Ya no te conformas con la rutina, con la inercia de los días, ni con las máscaras de lo profano. Empiezas a mirar cada situación con nuevos ojos: ¿qué enseñanza hay aquí? ¿qué oportunidad se me ofrece para pulir mi piedra? El despertar no es un acontecimiento único, sino un proceso continuo, un renacer cotidiano. Cada reflexión, cada silencio, cada acto consciente es una chispa que alimenta la llama, una chispa que convierte tu vida en antorcha para otros.

Los antiguos filósofos decían que el fuego es el elemento de la transmutación. Así como el fuego transforma la madera en calor y la piedra en cal, así también transforma tus defectos en virtudes, tu ignorancia en sabiduría, tu miedo en valentía. Pero ese fuego debe ser vigilado. Si se descontrola, puede consumir tus fuerzas y desbordarse en ira, orgullo o deseo ciego. Si se sofoca, se apaga tu impulso vital y caes en la apatía, en la frialdad del alma que olvida su propósito. Por eso el Aprendiz aprende a custodiar el fuego, a avivarlo con paciencia, a mantenerlo encendido con pureza de intención, como un guardián nocturno que vela para que la llama nunca se extinga.

Ejercicio para avivar el fuego interior: siéntate en silencio, cierra los ojos y lleva tu atención al centro de tu pecho. Imagina que allí arde una pequeña llama dorada, suave pero constante. Siente su calor, su vida, su vibración. Con cada inhalación, observa cómo la llama crece; con cada exhalación, siente cómo se expande su luz por todo tu cuerpo. Permite que esa luz ilumine tus pensamientos, tus recuerdos, tus emociones. Allí donde haya sombras, deja que el fuego las transforme en aprendizaje y fortaleza. Repite mentalmente: "Que mi fuego sea claro, que mi fuego sea puro, que mi fuego ilumine mi camino." Permanece así el tiempo que necesites, hasta sentir que la llama se ha fortalecido.

Puedes acompañar este ejercicio con símbolos: una vela real encendida frente a ti, una piedra en tu mano que represente tu materia a ser transmutada. Algunos hermanos prefieren realizarlo al amanecer, cuando la primera luz toca la tierra, o al atardecer, cuando el mundo se prepara para la noche. Escucha tu intuición, y permite que la práctica se vuelva ritual.

A medida que practiques, notarás cambios sutiles: mayor claridad mental, mayor serenidad en tus decisiones, una sensación de presencia en cada momento. Este es el despertar de la conciencia. Ya no reaccionas automáticamente; eliges con más sabiduría, hablas con más cuidado, actúas con más propósito. El fuego del alma se convierte en tu guía silenciosa, en el arquitecto interior que te muestra qué derribar y qué construir. A veces, en medio de las dificultades, sentirás ese fuego como un aliento sagrado que te recuerda: "Sigue adelante, hermano, no estás solo."

También aprenderás que este fuego no es solo para ti. Como toda llama, está hecho para encender otras. Tu ejemplo, tu serenidad, tu luz, inspiran a otros a buscar su propia chispa. Así se construye el templo colectivo: no con palabras grandilocuentes, sino con vidas encendidas que iluminan a quienes todavía están en penumbra. Tu fuego se convierte en faro, en señal de esperanza, en hogar cálido donde otros encuentran consuelo y valor.

Recuerda, hermano, que el fuego del alma no puede apagarse mientras mantengas viva tu búsqueda. Incluso en los momentos más difíciles, en las noches más oscuras, hay siempre un rescoldo esperando tu soplo consciente para avivarse. Ese rescoldo es tu vínculo directo con el Gran Arquitecto del Universo, la promesa de que siempre hay una posibilidad de renovación, de despertar, de volver a comenzar. El fuego del alma es, al mismo tiempo, memoria de lo eterno y anuncio de lo que puedes llegar a ser.

Que el fuego de tu alma siga ardiendo, que despierte tu conciencia cada día y que ilumine no solo tu sendero, sino también el de aquellos que caminan a tu lado. Así se cumple el verdadero Oficio: ser luz encendida en el mundo, testimonio viviente del fuego eterno que habita en lo más profundo de nuestro ser. Que cuando llegue tu última hora, hermano, puedas mirar hacia atrás y ver tu camino sembrado de antorchas, de luces encendidas gracias a la llama que guardaste con reverencia en tu corazón.

La antorcha interior: Tipheret como revelación

Cuando el fuego del alma se aviva y la conciencia comienza a despertar, surge ante ti, hermano, un nuevo símbolo que une la Luz y el Fuego en una sola visión: la antorcha interior. Esta antorcha no es otra cosa que la manifestación de Tipheret, el centro del Árbol de la Vida cabalístico, la sefirá de la belleza, de la armonía y del equilibrio. Tipheret es el corazón espiritual donde confluyen las fuerzas del rigor y de la misericordia, y es también la antorcha que ilumina el sendero entre la oscuridad de la ignorancia y la claridad de la sabiduría.

Tipheret es el punto de encuentro entre lo humano y lo divino. En el plano simbólico, es el lugar donde el aprendiz, después de haber trabajado su piedra y encendido el fuego del alma, comienza a reflejar en sí mismo la luz del Gran Arquitecto. Es aquí donde la antorcha interior se convierte en una guía permanente. No es una luz estática, sino un fuego vivo, dinámico, que crece con cada acto consciente, con cada pensamiento elevado, con cada servicio desinteresado que prestas a tus hermanos y al mundo.

Imagina esa antorcha encendida en tu corazón. Su llama no quema, pero arde con intensidad. Es una luz cálida, dorada, que pulsa al ritmo de tu respiración. Con cada inspiración, sientes cómo se alimenta con el aire de la vida; con cada exhalación, proyecta su luz hacia tu mente, hacia tus manos, hacia tus pasos. Esa es la antorcha interior: una presencia constante que te recuerda tu propósito, que te guía cuando las circunstancias exteriores se nublan, que ilumina cuando todo alrededor parece oscurecerse.

Tipheret, como revelación, es el momento en que comprendes que no estás solo en tu labor. La belleza que experimentas al actuar con justicia, la armonía que surge al conciliar fuerzas opuestas en tu interior, la paz que sientes al perdonar y al amar, todo ello son manifestaciones de Tipheret en tu vida. La antorcha interior arde más fuerte cuando reconoces la chispa divina no solo en ti, sino en cada ser humano, en cada hermano que trabaja a tu lado, en cada situación que se presenta como desafío o como bendición.

Ejercicio de contemplación: coloca tus manos sobre tu corazón y cierra los ojos. Imagina una antorcha encendida en tu pecho. Observa cómo su llama se eleva y se expande, iluminando primero tu rostro interior, luego tus pensamientos, luego tus recuerdos. Deja que esa luz descienda a tus manos, a tus pies, a cada rincón de tu ser. Pregúntate: ¿cómo puedo llevar esta luz al mundo? ¿Qué palabras, qué gestos, qué obras pueden encender otras antorchas en quienes me rodean? Permanece así, respirando con calma, hasta sentir que tu corazón se convierte en un sol pequeño, irradiando luz y calor sin agotarse.

A medida que cultives esta práctica, notarás que la antorcha interior también ilumina tus sombras. Allí donde haya temor, resentimiento o duda, la luz de Tipheret actuará como un bálsamo, transformando lo oscuro en sabiduría. Este es el verdadero poder de la antorcha: no solo iluminar el camino, sino transmutar la oscuridad en una enseñanza, el obstáculo en una oportunidad, el dolor en compasión.

La antorcha interior es también un llamado al servicio. No se enciende para ocultarla bajo el celemín, como dice el Evangelio, sino para ponerla en lo alto y alumbrar a todos los que están en casa. Tu casa es tu entorno, tu Logia, tu familia, tu comunidad. Cuando tu fuego se convierte en antorcha, dejas de vivir solo para ti y te vuelves faro para otros, señal de que el sendero existe, de que la luz es posible, de que el trabajo interior da frutos.

Hermano, Tipheret no es solo una idea abstracta; es una experiencia viva. Cada vez que actúas con integridad, cada vez que eliges el equilibrio entre rigor y misericordia, cada vez que buscas la belleza en medio del caos, estás avivando la antorcha interior. Que esta llama te acompañe en cada jornada, que ilumine tus pasos y que, al final de tu camino, puedas mirar hacia atrás y ver un rastro de luces encendidas, testimonio de que supiste llevar la antorcha de Tipheret como un verdadero aprendiz del Arte Real.

Ejercicio: recibir la luz desde dentro

Llegado a este punto del sendero, hermano, ya no basta con reconocer la Luz ni con encender la antorcha interior: es preciso aprender a recibir la luz desde lo más profundo de tu ser. Este ejercicio es una invitación a que te conviertas en el receptáculo consciente de la claridad espiritual, en un templo interior donde la luz no solo entra, sino que se multiplica y se proyecta hacia el mundo. Recibir la luz desde dentro es también un acto de humildad y de entrega: reconocer que la fuente es infinita y que en ti se refleja.

Busca un lugar tranquilo y consagrado para ti, donde puedas estar a solas y sin interrupciones. Puedes encender una vela como símbolo exterior de la luz que vas a invocar, o simplemente confiar en la llama que ya arde en tu corazón. Siéntate en postura cómoda, con la espalda erguida como columna firme del templo, y coloca tus manos suavemente sobre tu regazo. Respira lentamente, permitiendo que el aire se convierta en vehículo de paz y de energía renovada. Permite que cada respiración sea un recordatorio del soplo vital que el Gran Arquitecto te ha dado desde el principio.

Cierra los ojos y dirige tu atención a lo profundo de tu pecho. Imagina que allí, en el centro mismo de tu ser, hay una pequeña fuente de luz dorada. Es apenas un destello al principio, pero es constante, eterno, inextinguible. Esa luz es la herencia divina que habita en ti, el eco de la chispa original con la que fuiste creado. Contémplala sin prisas, como quien contempla un misterio sagrado, como quien se arrodilla ante un altar invisible que sin embargo está vivo dentro de sí.

A continuación, con cada inhalación, visualiza cómo esa luz se intensifica, como si absorbiera energía pura del universo. Con cada exhalación, siente cómo se expande y llena todos los rincones de tu cuerpo: primero el corazón, luego el abdomen, el rostro, los brazos, las piernas, hasta que tu ser entero resplandece. Permanece en esta expansión hasta que la sensación de tu cuerpo físico se difumine y solo quede la experiencia de ser luz. Siente cómo el tiempo se detiene, cómo el ruido del mundo se aleja y solo queda la vibración pura de la claridad que crece en tu interior.

Mientras haces esto, repite interiormente palabras de afirmación: *Soy templo de la luz eterna. Soy lámpara viva del Gran Arquitecto. La luz me guía, la luz me habita, la luz me transforma.* Deja que cada palabra sea una chispa que aviva tu llama interna. Si aparecen pensamientos dispersos, acógelos con serenidad y vuelve a tu luz. Si surgen emociones, permite que se bañen en esa claridad sin juicio ni resistencia. Permite que el amor que nace de esa luz impregne tus memorias más antiguas, tus heridas más hondas, y las transforme en sabiduría.

A medida que profundices, sentirás que esta luz no es solo tuya. Percibirás que viene de un lugar más alto, que es un reflejo de la Luz primordial que sostiene al cosmos entero. Siente cómo un hilo dorado te conecta con lo infinito, cómo esa luz entra en ti desde el corazón del universo y, a través de ti, se proyecta hacia tu entorno. Imagina que tu Logia, tu familia, tu comunidad, todos reciben ese destello que brota de ti sin agotarse. Esta visión ampliará tu sentido de fraternidad y de servicio, recordándote que no somos islas, sino faros que se iluminan mutuamente.

Ejercicio adicional: al finalizar, abre lentamente los ojos y contempla la vela o el espacio que te rodea. Observa cómo la luz externa ahora se siente distinta, más viva, más significativa. Lleva esa percepción a tus actividades diarias. Cada vez que saludes a alguien, recuerda que la luz que has encendido en tu interior también puede encender la suya. Cada vez que trabajes tu piedra, hazlo con la conciencia de que tus manos están guiadas por una claridad que no proviene solo de ti, sino de lo eterno. Si surgen dificultades, vuelve a ese recuerdo: la luz sigue ardiendo aunque las sombras se acerquen.

Profundización: puedes acompañar esta práctica con gestos simbólicos. Mientras inspiras y visualizas la luz, coloca una mano en tu corazón y otra sobre tu frente, uniendo el centro de tus emociones con el centro de tu pensamiento. Siente cómo la luz los conecta, cómo crea un puente de armonía entre lo que sientes y lo que piensas, entre lo que deseas y lo que realizas. Permanece así, en silencio, hasta que la sensación de unidad se haga plena.

Con la práctica constante, recibir la luz desde dentro se convertirá en un hábito sagrado. No dependerás de estímulos externos para inspirarte, porque sabrás que en tu propio corazón arde una llama inagotable. Ese es el verdadero poder del Aprendiz: no solo buscar la luz fuera, sino cultivarla dentro, hasta que tu vida entera sea un testimonio de la luz que el Gran Arquitecto depositó en ti desde el principio de los tiempos. Con el tiempo, notarás que aun en medio de la confusión, puedes cerrar los ojos y volver a encontrar la claridad en ese punto radiante dentro de ti.

Que esta práctica te fortalezca, hermano, y que cada jornada sea para ti un nuevo amanecer de esa luz interior. Así, al caminar entre las sombras del mundo, serás siempre un portador de claridad, un guardián de la antorcha eterna, un aprendiz consciente que recibe la luz desde dentro y la comparte con amor y sabiduría. Que tu luz se convierta en puente para otros, que tu fuego interior se mantenga siempre vivo, y que al final de tu viaje, el universo entero se vea iluminado por la obra de tus manos y por la claridad de tu corazón.

VI

Las columnas:

B y J, Guardianes del Umbral

Las dos columnas del Templo y su origen bíblico

Hermano, después de haber recibido la luz y de haber encendido la antorcha interior, llega un momento solemne en el sendero del Aprendiz: detenerse ante las dos columnas que guardan la entrada al Templo. No son simples ornamentos, sino guardianes simbólicos de un conocimiento ancestral. En el umbral, estas columnas se alzan como un enigma y como una promesa, invitándote a cruzar entre ellas y penetrar en el misterio de la obra. Es el instante en que el aprendiz siente que el mundo visible se abre hacia el invisible y que la geometría sagrada de la tradición se despliega ante su mirada interior.

Las columnas son conocidas como Boaz y Jachin, nombres que resuenan desde los antiguos textos bíblicos. En el Primer Libro de los Reyes (7:21), se relata cómo Salomón erigió en el pórtico del Templo dos columnas de bronce: a la derecha Jachin, a la izquierda Boaz. Estas columnas no sostenían techo alguno, pues su función no era física, sino espiritual y simbólica. Representaban los pilares invisibles sobre los que se asienta el mundo: la Fuerza y el Establecimiento, la Pasión y la Sabiduría, la Severidad y la Misericordia. Al observarlas, no solo contemplas dos piezas arquitectónicas, sino los principios universales que rigen la creación y el alma humana.

Contemplar estas columnas es recordar que todo equilibrio verdadero nace de la tensión armónica entre opuestos. Boaz, cuyo nombre significa "en él hay fuerza", evoca la firmeza, el rigor, la estructura que mantiene las cosas en orden. Jachin, que significa "él establecerá", evoca la misericordia, la apertura, la capacidad de dar forma viva a lo que se edifica. Cuando el Aprendiz se coloca entre ellas, siente el flujo de estas dos fuerzas en su propia vida: la disciplina y la compasión, la justicia y el amor, la determinación y la intuición.

Imagina, hermano, que cada columna es también un espejo de tu interior. Boaz refleja tus virtudes activas, tu voluntad, tu capacidad de sostenerte en medio de las pruebas. Jachin refleja tus virtudes receptivas, tu sensibilidad, tu intuición para recibir la enseñanza oculta en cada experiencia. Si te inclinas demasiado hacia una, pierdes equilibrio: demasiada fuerza sin misericordia se vuelve tiranía; demasiada misericordia sin fuerza se vuelve caos. Por eso el sendero del Aprendiz consiste en aprender a caminar entre ellas, sintiendo ambas, integrándolas en su corazón. Así, cada paso entre ambas es un acto de conciliación interior, un recordatorio de que la vida espiritual no se sostiene solo en un pilar.

En las tradiciones místicas, estas columnas también corresponden a los dos pilares del Árbol de la Vida: el Pilar de la Severidad (Guevurah) y el Pilar de la Misericordia (Chesed). Entre ambos, en el centro, se encuentra Tipheret, el punto de equilibrio. Cuando meditas ante las columnas, estás alineando tu vida con esta geometría sagrada. Es como si tu corazón se convirtiera en el pórtico del Templo, y cada decisión que tomas fuera un paso entre estas fuerzas, un acto consciente de creación.

Los antiguos constructores sabían que estas columnas eran más que símbolos. Eran guardianes energéticos, portales a una comprensión más alta de la existencia. Se decía que quien lograba meditar profundamente entre ellas recibía inspiración directa del Espíritu, claridad en sus decisiones, y una fuerza moral que no se quebrantaba ante las pruebas. En este sentido, Boaz y Jachin no son solo conceptos, sino presencias vivas que puedes invocar en tu práctica interior.

Ejercicio contemplativo: siéntate frente a dos objetos simbólicos que representen las columnas —pueden ser velas, piedras, libros— colocados a izquierda y derecha. Cierra los ojos y visualiza Boaz a tu izquierda, sólida, firme, irradiando fuerza. Visualiza Jachin a tu derecha, luminosa, suave, irradiando amor y apertura. Siente cómo estas energías fluyen hacia ti y se encuentran en tu corazón. Respira profundamente y con cada inhalación siente que absorbes fuerza y misericordia a la vez. Permanece así hasta sentir un equilibrio profundo, una serenidad nacida de la integración de ambos aspectos. Imagina que, al abrir los ojos, cruzas un umbral interior que te conduce a un templo invisible donde todo cobra sentido.

Profundización: lleva este ejercicio a tu vida diaria. Antes de tomar una decisión importante, cierra por un momento los ojos y recuerda las dos columnas. Pregúntate: ¿estoy actuando solo desde la fuerza o solo desde la compasión? ¿Cómo puedo equilibrarlas? Deja que la respuesta surja desde el silencio, desde la sabiduría de tu corazón. Con el tiempo, notarás que este simple gesto te otorga claridad y firmeza.

Al salir de esta meditación, lleva contigo la enseñanza de las columnas. Enfrenta los desafíos de la vida con la fuerza de Boaz, pero nunca olvides la compasión de Jachin. Habla con firmeza, pero también con ternura; actúa con decisión, pero también con sabiduría. Así, cada vez que cruces simbólicamente entre estas columnas en tu camino diario, recordarás que el verdadero Templo no está hecho de piedra, sino de tu propia alma que se edifica en armonía de opuestos.

Que estas columnas, hermanos guardianes del misterio, te acompañen en tu jornada. Que al contemplarlas sientas la memoria viva de Salomón, del Templo, de los constructores que vinieron antes que tú. Y que cada paso entre ellas sea un paso hacia el corazón del Arte Real, donde toda dualidad se convierte en unidad y toda obra humana se une a la Obra eterna del Gran Arquitecto del Universo.

Geburah y Chesed: la polaridad sagrada

Hermano, habiendo meditado en las columnas que guardan el Templo, es necesario penetrar más hondo en el misterio que ellas encarnan: la polaridad sagrada de Guevurah (Geburah) y Chesed. Estas dos sefirot del Árbol de la Vida representan fuerzas universales, presentes tanto en la estructura cósmica como en el corazón humano. Son los dos brazos extendidos de la divinidad: uno firme y disciplinado, otro generoso y expansivo. Entre ambos se extiende el camino del equilibrio, el sendero que el Aprendiz debe aprender a recorrer para convertirse en verdadero constructor de sí mismo.

Guevurah es la fuerza restrictiva, la severidad que delimita, que corta lo innecesario, que impone estructura donde antes había caos. Es el filo del cincel que separa la piedra bruta de la obra por venir. Sin Guevurah, nada tendría forma; el amor sin límites se dispersaría en confusión. Chesed, en cambio, es la misericordia, la expansión, la benevolencia que da, que abraza, que sostiene la vida. Es la mano abierta que alimenta, que inspira, que acoge. Sin Chesed, la existencia sería árida, rígida, sin calor ni crecimiento.

El diálogo entre Guevurah y Chesed es constante en todas las tradiciones espirituales. El yin y el yang de la filosofía oriental, el rigor y el amor en las enseñanzas místicas occidentales, la ley y la gracia en las Escrituras. Todos estos pares reflejan la misma verdad: la vida se sostiene entre polaridades. El Aprendiz, al contemplar Guevurah y Chesed, debe reconocer en sí mismo cuándo es momento de aplicar la disciplina y cuándo es momento de abrir el corazón. El verdadero arte es saber que ambos brazos son necesarios, que uno sin el otro pierde sentido, y que el camino central solo aparece cuando se abrazan mutuamente.

En el plano práctico, Guevurah se manifiesta cuando impones límites a tus propios impulsos, cuando dices no a aquello que desvía tu propósito, cuando sostienes una regla ética aunque cueste. Chesed se manifiesta cuando extiendes la mano al hermano que lo necesita, cuando ofreces palabras de aliento, cuando tu corazón se ablanda ante la fragilidad del mundo. Ninguno es superior al otro: son dos aspectos de una misma luz que, integrados, dan lugar a la Belleza de Tipheret, el centro donde la conciencia humana refleja la divina.

Esta polaridad también se puede observar en la creación misma: la semilla (Guevurah) contiene en sí la estructura, la promesa delimitada; la tierra fértil (Chesed) la recibe, la nutre, la hace crecer. Si la semilla no se delimita, no puede dar fruto; si la tierra no la acoge, se queda seca. Así también, tu alma necesita tanto la fuerza de la semilla como la generosidad de la tierra para florecer.

Ejercicio meditativo: siéntate en silencio y coloca tus manos sobre tus rodillas, la izquierda simbolizando Guevurah, la derecha Chesed. Siente en la izquierda la firmeza, el rigor, la voluntad de cortar lo innecesario. Siente en la derecha la calidez, la generosidad, la apertura a lo nuevo. Respira profundamente y permite que ambas energías fluyan hacia tu corazón. Visualiza cómo se entrelazan como dos corrientes de agua que al unirse forman un río claro y poderoso. Permanece así hasta que sientas la unidad de estas polaridades dentro de ti. Permite que ese río recorra tu ser, lavando tensiones y armonizando tus pensamientos.

Puedes profundizar este ejercicio imaginando una situación concreta de tu vida en la que necesites equilibrio. Lleva esa imagen a tu meditación y observa cómo la corriente de Guevurah aporta claridad y límites, mientras la de Chesed aporta compasión y apertura. Deja que ambas se fundan y observa qué decisión surge del corazón equilibrado.

Profundización: observa tu día a día y detecta momentos en que actúas solo desde la severidad o solo desde la misericordia. Pregúntate: ¿cómo puedo equilibrar mi firmeza con compasión? ¿Cómo puedo hacer que mi bondad tenga estructura? Toma nota de estas reflexiones y conviértelas en acciones concretas. Por ejemplo, si tiendes a ser duro contigo mismo, agrega un acto de bondad diaria hacia tu persona; si tiendes a ser excesivamente complaciente, establece un límite sano que te permita crecer. Lleva un diario de tus observaciones y, con el tiempo, notarás cómo estas dos fuerzas se entrelazan en tu vida de manera más consciente.

Hermano, entender Guevurah y Chesed es comprender que la vida es un juego sagrado de fuerzas complementarias. El Arte Real te enseña a ser arquitecto de tu propio destino, y para ello debes dominar tanto el cincel como la caricia, la norma y la gracia. Que estas dos corrientes fluyan en ti como en las columnas del Templo, y que cada paso que des entre ellas sea firme y amoroso, severo y misericordioso a la vez, hasta que alcances el equilibrio que revela la presencia viva del Gran Arquitecto del Universo en tu interior. Que cada día puedas sentir ese flujo doble en tu corazón y que tu obra, iluminada por estas fuerzas, sea digna de los más altos misterios del Oficio.

El equilibrio en el sendero del Aprendiz

Al contemplar y experimentar la polaridad de Guevurah y Chesed, surge ante ti, hermano, una enseñanza esencial: la vida iniciática se sostiene en un delicado equilibrio. Este equilibrio no es estático, no es una línea rígida que debas seguir con temor a desviarte. Es una danza constante, un ajuste continuo entre fuerzas internas y externas, entre lo que recibes y lo que entregas, entre tu impulso de construir y tu capacidad de esperar y escuchar. En cada respiración, en cada paso consciente, puedes sentir esa danza que te invita a permanecer atento y despierto.

El sendero del Aprendiz es, por naturaleza, un camino de oscilaciones. Hay días en que te sientes pleno de luz, y otros en que la oscuridad parece pesar más que el fuego de tu alma. Hay momentos en que la disciplina se vuelve severidad y otros en que la misericordia se convierte en indulgencia. Pero es justamente en esa oscilación donde el Arte Real te enseña a afinar tu instrumento interior, como el músico que ajusta las cuerdas de su lira hasta lograr una melodía perfecta. Cada ajuste que haces en tu vida es como una nota afinada, un gesto que acerca tu ser al tono justo de la armonía universal.

El equilibrio en este sendero significa reconocer que no siempre tendrás respuestas inmediatas. Significa aceptar que en la piedra de tu vida habrá vetas duras y otras blandas, y que ambas necesitan ser trabajadas con paciencia. El equilibrio no se logra negando tus sombras, sino integrándolas; no se alcanza rechazando tus luces, sino reconociéndolas sin orgullo. Cuando encuentras este punto de estabilidad dinámica, la vida deja de ser un conflicto de opuestos y se transforma en un diálogo creativo, en el cual cada experiencia se convierte en un maestro silencioso.

En la Logia, cada símbolo te habla de equilibrio: la escuadra, que mide ángulos justos; el compás, que traza círculos armónicos; el pavimento mosaico, que alterna blanco y negro en un orden perfecto. Estos símbolos no son decoraciones, son recordatorios constantes de que tu trabajo como Aprendiz es hallar ese balance entre lo interno y lo externo, lo espiritual y lo material, lo personal y lo colectivo. En cada trazado de compás, en cada medida de escuadra, estás grabando también en tu corazón el arte de mantenerte centrado.

Recuerda que el equilibrio no es inacción. Es un estado activo, consciente, en el que cada pensamiento y cada emoción son observados y guiados. Imagina que caminas sobre una cuerda tensa entre dos torres: cada pequeño movimiento de tu cuerpo es una decisión consciente para mantenerte en pie. Así es la vida del Aprendiz: un caminar delicado, con la mirada puesta en la meta y el corazón abierto a las lecciones del presente.

Ejercicio para cultivar el equilibrio: al finalizar cada día, siéntate en silencio y repasa tus acciones. Pregúntate: ¿dónde fui demasiado severo conmigo o con otros? ¿Dónde fui demasiado blando, olvidando la importancia de un límite? Anota tus respuestas y observa patrones con el tiempo. Después, cierra los ojos y visualiza una balanza dorada en tu corazón. Imagina que en un platillo está tu fuerza y en el otro tu compasión. Ajusta mentalmente el peso de cada uno hasta que la balanza quede nivelada. Permanece unos minutos sintiendo esa armonía interior y guarda esa sensación como guía para el día siguiente.

Puedes ampliar este ejercicio llevando tu atención a situaciones específicas. Antes de hablar, pregúntate: ¿mi palabra será firme y justa, pero también benévola? Antes de actuar, reflexiona: ¿mi gesto será decidido y claro, pero también amoroso? Poco a poco, esta práctica se convierte en hábito y comienza a permear cada rincón de tu vida.

El equilibrio en el sendero del Aprendiz no significa ausencia de movimiento. Es como caminar sobre un puente suspendido: avanzas paso a paso, atento a cada sensación, ajustando tu peso, confiando en la estructura invisible que te sostiene. Cada vez que recuperas el equilibrio después de un tropiezo, fortaleces tus músculos internos y afinas tu percepción. Cada vez que eliges conscientemente entre rigor y ternura, entre acción y reposo, tallas tu piedra con mayor maestría. Y con cada paso equilibrado, elevas un poco más la vibración de tu propio templo interior.

Hermano, que este equilibrio sea tu oración silenciosa y tu práctica constante. Que recuerdes siempre que no caminas solo: tus hermanos, tus símbolos, tu propia antorcha interior están contigo. Que tu andar sea firme pero flexible, decidido pero humilde, y que cada paso en el sendero del Aprendiz sea una afirmación viva de que el Gran Arquitecto del Universo te guía, no hacia un extremo, sino hacia la armonía perfecta de todas las cosas. Que cada amanecer renueves este compromiso, y que cada anochecer puedas decirte a ti mismo: "Hoy he caminado entre la fuerza y la misericordia, y en mi corazón ha florecido la paz."

Ejercicio: meditación entre las columnas

Ahora que comprendes, hermano, la importancia del equilibrio entre Guevurah y Chesed y el simbolismo profundo de las columnas, es tiempo de un ejercicio que integra estas enseñanzas en tu experiencia directa: la meditación entre las columnas. Este ejercicio no es una simple visualización; es un rito íntimo, un diálogo silencioso con las fuerzas que custodian el Templo interior. Practicándolo con constancia, sentirás cómo tu mente se aclara, cómo tu corazón se abre, y cómo tu voluntad se fortalece.

Busca un lugar tranquilo donde puedas estar a solas. Puedes realizar esta meditación en tu espacio de trabajo interior, en tu habitación, o incluso en un rincón de naturaleza. Si lo deseas, coloca a tu izquierda y a tu derecha dos objetos simbólicos que representen las columnas: dos velas, dos piedras, o incluso dos libros sagrados. Estos objetos actuarán como anclajes visibles de las energías invisibles que vas a invocar.

Siéntate en posición cómoda, con la espalda recta y los pies firmes en el suelo. Cierra los ojos y respira profundamente varias veces. Con cada inhalación siente que recibes calma, y con cada exhalación suelta tensiones, preocupaciones, pensamientos dispersos. Permite que el silencio te envuelva como un manto.

Visualiza ahora ante ti el portal del Templo. A tu izquierda se alza Boaz, sólida, imponente, irradiando la fuerza y el rigor de Guevurah. A tu derecha se alza Jachin, luminosa y acogedora, derramando la misericordia y la expansión de Chesed. Siente cómo ambas columnas emiten una vibración palpable, como dos corrientes de energía que fluyen hacia ti.

Lleva tu atención a tu corazón. Imagina que de Boaz surge un hilo de luz azulada que entra por tu hombro izquierdo, llenándote de estabilidad, disciplina y fortaleza. Imagina que de Jachin surge un hilo de luz dorada que entra por tu hombro derecho, llenándote de amor, compasión y sabiduría. Deja que ambas luces se encuentren en el centro de tu pecho, fundiéndose en una esfera radiante de luz blanca. Permanece así, sintiendo cómo estas energías se equilibran en ti.

Permite que la imagen del Templo se haga más nítida. Escucha, si surge, el eco de un coro lejano, el murmullo de los constructores invisibles que trabajan contigo. Siente que no estás solo, que eres parte de una cadena viva de buscadores de la verdad. Si surge alguna emoción, déjala pasar por la luz de tu corazón; si surge algún pensamiento, obsérvalo sin juicio y déjalo disolverse en la claridad interior.

Permanece en esta contemplación tanto como lo desees. Algunos hermanos dedican cinco minutos, otros media hora o más. Lo importante no es el tiempo, sino la calidad de tu presencia. Cuando sientas que es momento de cerrar, visualiza cómo la esfera de luz blanca en tu corazón se estabiliza y comienza a irradiar suavemente, enviando bendiciones a tu entorno, a tu Logia, a tus seres queridos y al mundo entero.

Abre los ojos lentamente. Mira los objetos simbólicos que colocaste a tu lado y agradéceles su presencia. Guarda silencio unos instantes antes de levantarte. Lleva contigo la sensación de equilibrio y fuerza que has cultivado, y procura que se refleje en cada palabra, en cada acción, en cada decisión que tomes.

Hermano, esta meditación es un puente entre lo visible y lo invisible. Cada vez que la practiques, estarás caminando conscientemente entre las columnas del Templo eterno, integrando en ti las fuerzas que sostienen la creación. Que este ejercicio te acompañe como un aliado fiel, y que cada paso que des entre las columnas sea un paso más profundo hacia la sabiduría y la luz del Gran Arquitecto del Universo.

VII

El Pavimento Mosaico:

Camino entre las Polaridades

Blanco y negro: el drama de la dualidad

Hermano, al haber caminado entre las columnas, tu mirada se posa ahora sobre el pavimento mosaico que se extiende ante ti. En su aparente sencillez se encierra un misterio profundo: el drama de la dualidad, representado por las baldosas blancas y negras, alternadas en un patrón eterno. Este suelo no es mero adorno; es un espejo del universo, un mapa de la experiencia humana y una enseñanza silenciosa para todo Aprendiz que se atreve a descifrarlo. Allí donde el pie se posa, la mente despierta, y el corazón se dispone a escuchar la voz oculta de los símbolos.

El blanco simboliza la luz, la pureza, la claridad de conciencia; el negro simboliza la sombra, lo oculto, lo que todavía no has comprendido. Juntos forman el tejido de la vida. Caminar sobre este pavimento es caminar entre opuestos: alegría y tristeza, éxito y fracaso, amor y dolor. Ninguno de estos polos puede ser negado, pues ambos son necesarios para el crecimiento interior. La vida iniciática no consiste en eliminar la sombra, sino en aprender a avanzar con paso firme sobre ella, igual que sobre la luz, hasta reconocer que una no existe sin la otra.

Observa el pavimento como un tablero de infinitas posibilidades. Cada baldosa es una experiencia, una decisión, una prueba. A veces pisarás sobre el blanco, sintiendo la bendición y la serenidad; otras, sobre el negro, enfrentando retos y noches del alma. Pero ambos pasos son necesarios, pues el sendero se construye en el diálogo constante entre luz y sombra. Este mosaico también es un recordatorio de que el camino del Aprendiz no es una línea recta, sino un entramado complejo de contrastes que se complementan.

En el silencio de la Logia, este pavimento te invita a recordar que ningún estado es permanente. Las baldosas se suceden, alternándose sin descanso, como los días y las noches, como la inhalación y la exhalación. Así también, tus estados interiores cambian: un día tu corazón está lleno de amor, al siguiente debes enfrentarte a tu propia impaciencia o temor. El pavimento te enseña a no apegarte a ninguno de estos estados, sino a caminar con atención y equilibrio sobre todos ellos, aprendiendo a mantener la serenidad cuando la baldosa es negra y la humildad cuando la baldosa es blanca.

Imagina además que cada baldosa es una lección inscrita en el libro secreto del universo. Algunas de esas lecciones son dulces y fáciles de asimilar; otras son duras y exigen paciencia. Sin embargo, todas ellas son sagradas. En cada baldosa hay una oportunidad para pulir tu piedra interior, para afinar tu visión, para aprender a confiar en el plan mayor que el Gran Arquitecto ha trazado.

Ejercicio contemplativo: busca un espacio donde puedas dibujar o visualizar un patrón de baldosas blancas y negras. Siéntate frente a él y permite que tu mirada se pierda en el contraste. Respira lentamente y siente cómo tu mente evoca recuerdos de tus propios contrastes internos: momentos de luz, momentos de sombra. No los juzgues. Simplemente obsérvalos como parte de un diseño más amplio. Luego, visualízate caminando sobre ese mosaico, paso a paso, con serenidad. Siente cómo cada paso, ya sea sobre el blanco o el negro, te lleva hacia adelante, hacia un centro invisible de sabiduría. Permite que tu corazón sienta gratitud por ambos caminos, por las pruebas y las bendiciones.

Profundización: después del ejercicio, escribe en tu diario tres momentos recientes de tu vida que correspondan a baldosas blancas (alegrías, logros, momentos de paz) y tres que correspondan a baldosas negras (desafíos, pérdidas, dificultades). Luego, busca el hilo secreto que los une: ¿qué te enseñó cada uno? ¿Cómo la sombra dio sentido a la luz y la luz dio esperanza en la sombra? Este acto de reflexión transformará el pavimento en un maestro silencioso que te guiará más allá de la apariencia.

Hermano, no temas a la dualidad. El pavimento mosaico te recuerda que la obra se construye en la alternancia de opuestos. Sin noche no habría día, sin desafío no habría victoria, sin piedra bruta no habría piedra pulida. Acepta este drama como parte de la grandeza de la vida, y camina con firmeza, sabiendo que cada baldosa que pisas te acerca un poco más al corazón del Templo y a la luz que no se apaga. Que cada paso tuyo sobre el mosaico sea una oración silenciosa y que tu andar convierta el drama de la dualidad en un canto de sabiduría eterna.

Elección consciente y voluntad equilibrada

Hermano, después de contemplar el drama de la dualidad en el pavimento mosaico, surge una pregunta profunda: ¿cómo decides dónde poner tu pie? ¿Cómo eliges actuar cuando las baldosas de tu vida se alternan entre luz y sombra? Aquí se abre el tema de la elección consciente y la voluntad equilibrada, fundamentos esenciales en la obra del Aprendiz. Este subcapítulo no es solo una reflexión, sino un mapa para orientar tu caminar en medio de los contrastes de la existencia.

Cada baldosa sobre la que caminas no es solo un estado externo, sino también un reflejo de tus elecciones internas. Cada paso que das, cada palabra que pronuncias, cada pensamiento que alimentas, es una semilla que siembras en el mosaico de tu destino. La elección consciente es el arte de observar antes de actuar, de sentir antes de reaccionar, de decidir no desde la inercia sino desde la lucidez. Es detenerse un instante y preguntar al corazón: "¿Esto que voy a hacer es digno de la luz que recibí?"

No se trata de escoger siempre la baldosa blanca y evitar la negra; se trata de saber que ambas forman parte del camino y de caminar con intención, sin perder de vista tu centro. Cada paso sobre una baldosa oscura puede ser un aprendizaje profundo, y cada paso sobre una baldosa blanca puede ser un recordatorio de que la luz existe para guiar, no para adormecer. Así, la vida deja de ser una sucesión ciega de eventos y se convierte en una coreografía consciente de movimientos sagrados.

La voluntad equilibrada es la herramienta que te permite sostener esas elecciones. No basta con saber qué es lo correcto; hay que tener la firmeza para seguirlo incluso cuando la sombra se cierne sobre ti. La voluntad equilibrada no es la terquedad ciega, sino la fuerza serena que integra la razón y el corazón, la disciplina y la compasión, el conocimiento y la humildad. Es la antorcha que sostiene tu mano cuando el viento sopla fuerte, la voz interior que dice: "Avanza, hermano, el sendero es tuyo."

Imagina, hermano, que avanzas por un pasillo de mosaicos y que en cada baldosa tienes la oportunidad de elegir: ¿responderás con ira o con calma? ¿Sembrarás palabras de consuelo o de juicio? ¿Actuarás por miedo o por amor? Cada decisión, por pequeña que sea, es una piedra más en la construcción de tu templo interior. Esta consciencia transforma cada instante de tu vida en un acto ritual, en una labor sagrada. Incluso el gesto más humilde, hecho con elección consciente, se convierte en obra maestra.

Piensa en los antiguos constructores, quienes antes de colocar una piedra meditaban en su forma, su lugar y su función. Así también tú, antes de cada palabra, de cada acción, medita en el lugar que ocupará en tu vida y en la vida de otros. Con el tiempo, aprenderás a discernir cuándo una decisión nace del impulso y cuándo nace del centro de tu ser. Esta práctica, repetida día tras día, forja una voluntad que no se quiebra fácilmente.

Ejercicio de alineación: al comenzar el día, antes de iniciar tus labores, cierra los ojos y visualiza ante ti el pavimento mosaico. Coloca tus manos sobre el corazón y di en silencio: *Hoy elijo caminar con conciencia. Hoy mi voluntad será firme y equilibrada.* Respira profundamente y siente cómo tu determinación se asienta en el centro de tu pecho. Imagina cómo, a lo largo del día, cada baldosa que pises será una oportunidad para reafirmar esa elección. Puedes repetir esta afirmación en momentos de duda, recordando que el poder de elegir está siempre contigo.

Profundización: durante tus actividades cotidianas, haz pausas breves para preguntarte: ¿desde qué lugar estoy actuando ahora? ¿Mi voluntad está inclinada hacia la severidad o hacia la indulgencia? Ajusta en ese momento, como quien ajusta una brújula para seguir la dirección correcta. Al final de la jornada, reflexiona sobre los momentos en que actuaste con plena conciencia y aquellos en los que la inercia te dominó. No te juzgues, solo aprende y vuelve a intentarlo al día siguiente. Esta revisión nocturna es como pulir el pavimento de tu propia alma, retirando el polvo de lo superfluo para que brille la verdad.

Puedes además complementar este trabajo escribiendo un diario de elecciones. Cada noche, anota tres decisiones importantes del día, sean grandes o pequeñas, y describe qué fuerzas actuaron en ellas: ¿fue el temor, el orgullo, la compasión, la prudencia? Con el tiempo verás patrones y aprenderás a cultivar las virtudes que deseas que guíen tus pasos.

Recuerda que la voluntad equilibrada no se forma de la noche a la mañana. Es un arte que se pule como la piedra bruta, con paciencia, con humildad y con práctica constante. Habrá días en que el mosaico se vea confuso y otros en que brille con claridad; no te desalientes. Cada paso consciente es una victoria silenciosa, cada decisión equilibrada es un canto de gratitud al Gran Arquitecto.

Hermano, la elección consciente y la voluntad equilibrada son la llave que transforma el pavimento mosaico en un sendero iluminado. No importa cuántas baldosas negras encuentres, si tu decisión es caminar con propósito, esas sombras se convierten en lecciones preciosas. No importa cuántas baldosas blancas pises, si tu voluntad es humilde, esa luz no te cegará sino que te guiará. Que tu andar sea un testimonio de que la verdadera libertad no está en evitar la dualidad, sino en elegir cómo transitarla con dignidad y amor bajo la mirada del Gran Arquitecto del Universo. Que cada elección sea una piedra de sabiduría y que tu voluntad, templada en el fuego de la experiencia, se convierta en la herramienta más noble de tu obra interior.

La tercera vía: andar el gris invisible

Tras haber reflexionado sobre el drama de la dualidad y la importancia de elegir con voluntad equilibrada, se abre un sendero más sutil, menos evidente, pero profundamente transformador: la tercera vía. Mientras que el blanco y el negro se alternan en el pavimento mosaico, existe también un espacio silencioso, casi imperceptible, que une y trasciende a ambos: el gris invisible.

Este gris no es tibieza ni indiferencia; no es la renuncia a la luz ni la entrega a la sombra. Es la integración consciente de ambas, el estado interior en que se reconocen las luces y las sombras sin apegarse a ninguna, permitiendo que ambas se conviertan en una sola energía al servicio del crecimiento interior. La tercera vía es el camino del equilibrio dinámico, la senda del corazón que se abre a lo que es, sin rechazar ni idealizar.

Imagina de nuevo el pavimento: baldosas blancas y negras en alternancia, y el paso atento que se posa sobre ellas. Ahora observa más allá de lo visible: entre cada baldosa hay un mínimo espacio, una línea delgada donde los colores se encuentran. Ese es el gris invisible. Allí no hay juicios, no hay dualidad, solo la pura experiencia de ser y avanzar. Este camino no se ve con los ojos físicos; se siente con el corazón cuando se deja de dividir el mundo en correcto e incorrecto y se comienza a percibirlo como un tejido sagrado de contrastes.

En la práctica, andar el gris invisible significa actuar desde la conciencia plena, sin ser arrastrado por emociones extremas. Significa reconocer que tanto las pruebas como las bendiciones son herramientas, y que detrás de cada experiencia hay una enseñanza. Es dejar de huir de lo que duele y de aferrarse a lo que complace, para habitar el presente con humildad y entrega. Cuando surge un conflicto, esta vía enseña a no precipitarse en un extremo, sino a escuchar ambas voces internas y encontrar la respuesta que honra la totalidad.

Ejercicio contemplativo: busca un lugar silencioso y siéntate con la columna recta. Cierra los ojos y visualiza el pavimento mosaico. Respira profundamente, dejando que cada inhalación te llene de calma y cada exhalación disipe tensiones. Ahora, en tu mente, difumina las baldosas blancas y negras hasta que se mezclen y formen un tono gris suave y uniforme. Siente cómo ese gris se extiende bajo tus pies, sosteniéndote con suavidad, sin exigir nada. Camina mentalmente sobre ese gris y observa cómo tu corazón se serena, cómo desaparece la lucha interna entre extremos. Permanece en esa sensación todo el tiempo que desees, dejando que se grabe en tu memoria emocional.

Para profundizar más, repite este ejercicio en diferentes momentos de tu día. Al recibir una noticia difícil, al enfrentarte a un dilema moral, al tener que mediar entre dos opiniones opuestas, recuerda ese gris invisible. Pregúntate: ¿puedo integrar ambas perspectivas? ¿Puedo escuchar sin juzgar? ¿Puedo actuar sin aferrarme al resultado? Con la práctica constante, esta vía transforma las disputas en diálogos y las dudas en oportunidades de comprensión.

El gris invisible también es símbolo de humildad. Recuerda que la percepción siempre es parcial, que lo que se considera blanco puede contener semillas de sombra, y que lo que se ve como negro puede esconder tesoros de luz. Caminar por esta tercera vía es abrazar el misterio sin exigir explicaciones, es confiar en que el Gran Arquitecto sostiene el plan incluso cuando no se comprende del todo. En esta senda, la mente se aquieta, el corazón se abre y la voluntad se afina.

Andar el gris invisible es caminar más allá de las apariencias, es vivir desde un punto de vista superior donde todo tiene su lugar. Que este sendero inspire a dejar atrás los juicios limitantes y a entrar en un estado de paz profunda, donde cada paso se convierte en oración, cada decisión en puente, cada experiencia en maestro. Así, la vida entera se transforma en un testimonio de que, más allá de la dualidad, existe un camino silencioso y eterno que conduce directamente al corazón del Gran Arquitecto del Universo, un camino que no está marcado por colores, sino por la luz interior que aprende a ver más allá de ellos.

Ejercicio: caminar el mosaico interior

Después de comprender la dualidad, de aprender a elegir con voluntad equilibrada y de vislumbrar la tercera vía, llega el momento de integrar todo esto en una práctica viva: caminar el mosaico interior. Este ejercicio no requiere de un templo físico ni de baldosas visibles; el mosaico está en el corazón y en la mente de quien ha decidido recorrer el sendero del Oficio.

Para comenzar, busca un espacio tranquilo, donde puedas permanecer sin interrupciones. Puede ser un rincón de tu hogar, un jardín, o incluso un lugar simbólico que hayas consagrado a tu trabajo interior. Si lo deseas, coloca ante ti una imagen o un pequeño tapete con diseño mosaico, para ayudarte a fijar la atención.

Ponte de pie, con los pies ligeramente separados y los brazos relajados a los costados. Cierra los ojos unos instantes y respira profundamente. Con cada inhalación siente cómo la calma entra en ti; con cada exhalación permite que se alejen las distracciones y el ruido cotidiano. Abre los ojos lentamente y visualiza que bajo tus pies se despliega un vasto pavimento mosaico que no termina a la vista.

Imagina que cada baldosa que tienes delante representa una experiencia de tu vida: las blancas, momentos de claridad, logros y amores; las negras, desafíos, errores y pérdidas. Reconoce ambos tipos sin rechazo ni apego. Siente cómo el conjunto crea una armonía más grande que la suma de las partes. Levanta un pie y da un paso, lento y consciente, como si cada baldosa tuviera un mensaje que leer. Mientras avanzas, di interiormente: *Camino con conciencia, aprendo de la luz y de la sombra.*

Hazlo varias veces, despacio, deteniéndote cuando lo sientas necesario. Al detenerte, observa lo que surge en tu interior: recuerdos, emociones, pensamientos. Si algo duele, respira sobre ello y permite que el pavimento lo sostenga; si algo alegra, deja que esa alegría se expanda a través de todo tu ser. Después da otro paso, repitiendo la afirmación. Cada movimiento es un diálogo silencioso con tu historia y con el Gran Arquitecto que guía tu destino.

Si no puedes caminar físicamente, hazlo mentalmente. Siéntate en meditación, cierra los ojos y visualiza tus pies avanzando sobre el mosaico infinito. Con cada paso, imagina que integras una experiencia de tu vida. Cuando surja una imagen dolorosa, observa cómo se transforma en sabiduría bajo tus pies; cuando aparezca una imagen luminosa, permite que refuerce tu voluntad. Continúa hasta sentir que tu corazón late en paz, como si cada baldosa hubiera encontrado su lugar en la gran obra.

Para profundizar, al finalizar el ejercicio, toma papel y lápiz y escribe las impresiones que hayan surgido: ¿Qué baldosas has sentido más intensas? ¿Qué emociones has atravesado? ¿Dónde encontraste equilibrio? Esta escritura no es un juicio, sino un testimonio de tu camino, un mapa que podrás releer en el futuro para ver cuánto has avanzado.

Caminar el mosaico interior es recordar que no hay paso inútil ni baldosa sin significado. Cada día de tu vida añade una pieza al diseño y cada elección consciente coloca una piedra en tu templo interno. La práctica constante de este ejercicio convierte el suelo que pisas en una oración viviente, en un espacio donde la dualidad se reconcilia, la voluntad se fortalece y el alma reconoce su destino.

Que cada vez que cierres los ojos y recorras el mosaico interior, sientas que la obra de tu vida se construye con amor y disciplina, con luz y sombra, con la sabiduría que surge de un corazón atento y humilde. Que el eco de tus pasos resuene en la eternidad como el testimonio de alguien que supo caminar, no solo sobre el blanco y el negro, sino sobre el misterio profundo que los une.

VIII

El Centro Sagrado y el Egrégor: Corazón y Espíritu del Templo

El centro como altar interior y vibración secreta

Al adentrarse en la Logia simbólica y detener la mirada en sus elementos más sagrados, el centro se revela como el corazón vivo del Templo. No es simplemente una mesa ni un soporte para objetos rituales; es el punto de convergencia donde lo humano y lo divino se entrelazan, donde lo temporal toca lo eterno. Representa el centro vibracional del espacio sagrado, el lugar donde las intenciones se ofrecen y se transmutan en fuerza espiritual, donde la palabra se convierte en creación y el silencio en un himno.

El centro, situado en el cruce mismo de las líneas invisibles que definen la Logia, ha sido símbolo de unión en todas las tradiciones. Los antiguos lo llamaban omphalos, el ombligo del mundo, el axis mundi que conecta cielo, tierra y los mundos intermedios. Es la piedra angular de toda obra interior, el lugar donde todo comienza y hacia donde todo retorna. En esa geometría secreta se oculta un misterio: el verdadero centro no se encuentra solo en el espacio físico, sino en la profundidad del ser humano que lo contempla. Esa percepción cambia con el tiempo; al inicio se le ve como un lugar separado, pero a medida que el iniciado avanza, descubre que ese mismo centro pulsa dentro de su propia alma.

Alrededor de este núcleo se disponen las luces, los textos inspiradores y los instrumentos de trabajo. Sin embargo, el verdadero poder del centro no reside en lo visible, sino en lo invisible: en la vibración silenciosa de las promesas pronunciadas, en el eco de los compromisos asumidos desde lo más íntimo. Cada paso que se da hacia ese punto central es, en realidad, un paso hacia adentro, hacia la voz callada que recuerda quién eres y hacia dónde vas. Cada vez que alguien se aproxima a ese núcleo, se aproxima a su propia esencia, a la chispa divina que arde en lo secreto del corazón y que ni la duda ni el tiempo pueden apagar.

Este espacio interior simbolizado en el centro es también el lugar de la ofrenda más difícil: entregar las partes de uno mismo que ya no sirven, que obstaculizan el ascenso. Egoísmo, miedo, envidia, vanidad: cada una puede ser colocada en ese centro simbólico, no para ser destruida con violencia, sino para ser transformada en materia útil para la obra. Como el fuego que consume y a la vez ilumina, este centro toma tus limitaciones y las convierte en semillas de virtud. Así, el altar interior se convierte en un crisol donde las impurezas se subliman y se devuelven al mundo en forma de servicio y luz.

Visualizar ese núcleo como un sol radiante ayuda a captar su esencia. Imagina ondas invisibles expandiéndose desde ese punto, armonizando a todos los presentes. Las palabras pronunciadas cerca de ese lugar adquieren otro peso, otra resonancia, pues tocan planos más sutiles de la existencia. Las intenciones se vuelven vivas y se proyectan hacia horizontes insospechados. El centro, entonces, no es solo un punto, sino un estado vibratorio que sostiene la obra de cada uno, un latido compartido que mantiene vivo el Templo incluso cuando este se encuentra vacío de cuerpos físicos.

Con el tiempo, la enseñanza se hace evidente: el verdadero centro no se encuentra fuera, sino dentro. No se trata de un altar fijo en un espacio, sino de la certeza de que en el interior de cada buscador hay un lugar donde todo se unifica. Cada vez que eliges con justicia, que actúas con amor, que meditas en silencio, estás encendiendo ese centro secreto, renovando la vibración que sostiene tu vida y la de quienes te rodean. Cuando experimentas ese estado interior, descubres que cada lugar puede transformarse en Logia, que cada instante puede convertirse en rito y cada respiración en plegaria.

El centro, entendido como altar interior y vibración secreta, enseña a reconocer lo sagrado en lo cotidiano. Invita a detenerse en medio de la jornada para escuchar el silencio que brota de lo más profundo. Allí, en ese núcleo de calma, se recibe inspiración, se comprende el valor de cada prueba y se renueva la determinación de seguir edificando la obra interior. Que esta visión acompañe tu camino y te recuerde siempre que, aun en los momentos de incertidumbre, hay un punto inmóvil, lleno de luz, que late en tu interior y que conecta tu pequeña obra con la Gran Obra del Universo.

El egrégor: conciencia colectiva y vibración compartida

Si el centro es el altar interior de cada uno, el egrégor es el tejido invisible que surge cuando varias voluntades se unen bajo un mismo propósito. No es una palabra común, sino un concepto antiguo que encierra una gran fuerza: la conciencia colectiva generada por quienes trabajan juntos en silencio, con amor y disciplina. Allí donde dos o más se reúnen con sinceridad, nace una presencia que los trasciende y los sostiene.

El egrégor puede imaginarse como una nube luminosa formada por los pensamientos, emociones y aspiraciones de todos los presentes. Cada uno aporta su chispa, y todas juntas encienden una llama mayor que la suma de sus partes. Esta presencia invisible, a veces casi palpable, impregna la Logia, los ritos y cada palabra pronunciada con sinceridad. Es como una corriente subterránea que alimenta a cada hermano y hermana, recordándoles que no están solos en su sendero.

A lo largo de la historia, las tradiciones místicas han reconocido la existencia de este campo compartido. Los antiguos hablaban de espíritus tutelares o genios protectores; los alquimistas decían que el laboratorio se impregnaba con la intención de quienes lo frecuentaban; los monjes describían la sensación de que, al orar juntos, una luz invisible descendía sobre ellos. En la Logia ocurre lo mismo: la presencia colectiva se convierte en guía y fuerza interior.

No es necesario comprenderlo intelectualmente para sentirlo. Basta recordar aquellos momentos en que, trabajando junto a otros con un objetivo noble, se siente una energía especial, una claridad que surge espontánea. Esa es la acción del egrégor. Se nutre de la honestidad de cada participante, de su capacidad de escuchar, de su entrega silenciosa. Por eso, cuando alguien ingresa a la Logia con el corazón dispuesto, recibe mucho más que lo que los sentidos pueden registrar: recibe la vibración acumulada de generaciones que han trabajado en el mismo lugar, bajo las mismas luces y con las mismas palabras cargadas de significado.

Este campo compartido también es un guardián. Sostiene los trabajos, protege el espacio, y a veces incluso guía a los presentes hacia respuestas inesperadas. Es como una biblioteca viva donde cada pensamiento noble queda registrado y disponible para quien lo necesite. No es una entidad separada, sino un reflejo de la unión de las almas que se comprometen con la obra.

En la vida cotidiana, esta comprensión puede extenderse más allá de la Logia. Cada familia, cada equipo, cada comunidad genera su propio egrégor. Cuando el propósito es noble, el campo resultante es armonioso y generador de vida; cuando el propósito está marcado por el egoísmo o el conflicto, ese campo se siente denso, confuso, desgastante. Reconocer esto permite elegir conscientemente en qué espacios permanecer y qué energías alimentar con nuestros pensamientos y actos.

Quien medita en el egrégor descubre que su responsabilidad va más allá de sí mismo. Cada emoción que cultiva, cada palabra que ofrece, contribuye a la atmósfera espiritual de la Logia. Así, la pureza interior no es un asunto privado, sino una ofrenda al conjunto. Cada vez que elevas un pensamiento generoso, lo compartes con todos; cada vez que limpias tu corazón de rencores, el egrégor se fortalece y se hace más luminoso.

Esta conciencia colectiva es una de las mayores bendiciones del camino iniciático. Nos recuerda que no estamos solos, que nuestras obras y silencios son parte de una sinfonía mayor. Al trabajar en tu piedra interior, contribuyes a que todo el templo resplandezca; al sostener tu compromiso, sostienes también el de quienes caminan a tu lado. Que esta enseñanza inspire cada uno de tus pasos, y que sientas siempre, aun en los momentos de dificultad, la vibración suave y poderosa del egrégor rodeándote como un manto de luz y fraternidad sin fin.

La ofrenda interior: dar sin esperar

En el corazón de todo trabajo iniciático late un principio silencioso, pero poderoso: la verdadera ofrenda no es aquella que se mide en cosas materiales, sino la que se entrega desde lo más profundo del alma, sin esperar retorno ni reconocimiento. Dar sin esperar es una de las pruebas más elevadas y también uno de los mayores secretos del progreso espiritual. En este acto reside una fuerza transmutadora capaz de convertir incluso los momentos de dolor en semillas de luz, pues en la entrega sincera se abre un canal directo hacia lo eterno.

Cuando se habla de ofrenda interior, se habla de colocar sobre ese centro sagrado aquello que más cuesta entregar: el apego a la imagen personal, el deseo de control, la necesidad de aprobación. Estas ofrendas no se ven, pero son las más valiosas, pues su entrega implica vencer resistencias profundas y soltar cadenas invisibles. Cada vez que se deja ir un resentimiento, cada vez que se elige el silencio antes que la vanidad, se realiza un acto de sacrificio interior que alimenta el propio templo y también la vibración colectiva que lo rodea. Esa renuncia se convierte en piedra angular para una obra más elevada.

Dar sin esperar no es un gesto de debilidad, sino de profunda fortaleza. Implica reconocer que todo lo que poseemos, incluso talentos y logros, proviene de una fuente mayor. Al ofrecerlos sin condiciones, uno se convierte en canal de esa fuente, y algo más grande que el ego comienza a manifestarse. Así, la ofrenda interior se convierte en un puente entre lo que somos y lo que podemos llegar a ser, entre el yo fragmentado y la totalidad del ser. Esta comprensión libera de la esclavitud del mérito personal y permite experimentar el gozo de dar como expresión natural del alma.

En las antiguas tradiciones, los altares no se levantaban solo para recibir dones materiales, sino para simbolizar la entrega del corazón. Los sacerdotes sabían que el fuego sagrado no se mantenía encendido solo con aceites y maderas, sino con la dedicación silenciosa de quienes servían. De igual modo, el altar interior no se alimenta únicamente de palabras rituales, sino de cada acto generoso que nace de la voluntad consciente. Esa entrega constante crea una vibración que trasciende los muros de la Logia y se esparce como un aroma invisible por el mundo.

Hay ofrendas interiores que tardan años en madurar. Tal vez sea el perdón hacia alguien que hirió profundamente, o el desapego de una ambición que limita la visión. Cada vez que se trabaja para liberar esas cadenas, se está colocando una ofrenda invisible pero real en el centro de la vida espiritual. El resultado no es inmediato, pero la vibración que surge de ese acto se siente en la paz interior, en la claridad de la mirada, en la serenidad que acompaña a quien ya no se aferra a lo efímero.

Dar sin esperar también significa servir sin condición. No se trata de perderse a uno mismo en el servicio, sino de descubrir que en el servicio se encuentra el verdadero yo. Cuando se ayuda a otro sin calcular beneficios, el gesto se convierte en una piedra luminosa que engrandece el templo colectivo. Cuando se trabaja por un bien mayor sin buscar aplausos, se entra en sintonía con el ritmo secreto de la creación, que da sin medida y sin esperar retorno. En ese instante, la vida misma se convierte en liturgia y cada acción en canto silencioso.

La ofrenda interior es también una escuela de humildad. Recuerda que, al final, nada nos pertenece realmente: ni el tiempo, ni las habilidades, ni siquiera los momentos de gloria. Todo es préstamo sagrado que debemos devolver enriquecido. Cuando entregas algo de ti sin esperar, devuelves al Gran Arquitecto del Universo un fragmento de Su propia luz, y esa luz se multiplica en silencio, alcanzando rincones que nunca imaginaste.

El sendero masónico enseña que aprender a dar sin esperar transforma la vida entera. Cada acción consciente se vuelve semilla, cada pensamiento noble se convierte en flor en el jardín interior. La Logia se convierte entonces en un campo fértil donde esas semillas germinan y se multiplican, no para engrandecer a uno solo, sino para elevar a todos. Así, el dar sin esperar se convierte en la ofrenda más pura, aquella que no se ve ni se mide, pero cuya resonancia perdura eternamente en el corazón del Templo vivo. Que esta enseñanza te acompañe y te recuerde siempre que, en la entrega silenciosa, la obra encuentra su mayor perfección.

Meditación: encender el centro del corazón

Después de comprender el valor del centro como altar interior, de percibir la vibración colectiva y de profundizar en la ofrenda silenciosa, se hace necesario un paso práctico y profundo: encender ese centro en el propio corazón a través de la meditación consciente. Este acto no es un ritual externo, sino un viaje interior que permite percibir la llama secreta que habita en cada ser y que conecta con la vibración universal.

Comienza por reconocer que en el interior de tu pecho existe un espacio simbólico, un punto intangible que late con cada respiración. No es el órgano físico, aunque se ubique en esa región; es el santuario interno donde convergen tus recuerdos más puros, tus intuiciones más altas y la chispa divina que te anima. Este centro es tu propio altar y, al meditar en él, le das vida consciente, lo despiertas como se despierta un fuego sagrado al soplar sobre sus brasas.

La meditación para encender este centro no requiere posturas complicadas ni ornamentos. Basta sentarse en calma, con la espalda recta y los pies bien apoyados en el suelo, sintiendo la conexión con la tierra. Al cerrar los ojos, dirige la atención hacia la respiración y deja que el ritmo natural de tu cuerpo se estabilice. Con cada inhalación imagina que recibes claridad y con cada exhalación siente que se disuelven las tensiones y las distracciones.

Luego, visualiza en tu corazón una pequeña luz, tal vez apenas una chispa. Obsérvala sin forzar, permite que brille con suavidad. Esa chispa representa todo lo que es eterno en ti, lo que no cambia con los años ni con las pruebas. Con cada respiración, la luz se hace más intensa, más estable, como si alguien añadiera leña invisible al fuego. Pronto esa chispa se convierte en una llama serena, que no quema pero ilumina, que no consume pero transforma.

Mientras contemplas esa luz, permite que los pensamientos fluyan sin aferrarte a ellos. Si surge una preocupación, deposítala simbólicamente en esa llama y observa cómo se deshace en claridad. Si aparece un recuerdo doloroso, entrégaselo a la luz y siente cómo se convierte en enseñanza. Si tu corazón guarda gratitud, ofrécela también, y observa cómo la llama se vuelve más radiante. Poco a poco, comprenderás que ese fuego no es solo tuyo; es la misma energía que sostiene el universo, que vibra en cada ser, en cada estrella, en cada instante de vida.

Al meditar de esta manera, no solo enciendes tu centro interior, sino que te conectas con el centro de todos los que buscan la verdad. Te conviertes en parte consciente del egrégor luminoso que trasciende el tiempo y el espacio. En ese silencio activo, tu corazón se convierte en altar vivo, en piedra angular de un templo que no necesita paredes.

Practica esta meditación con frecuencia. Cada vez que lo hagas, sentirás cómo la vida cotidiana se llena de un nuevo significado, cómo tus palabras adquieren mayor suavidad y tus decisiones mayor claridad. Encender el centro del corazón es recordarte que, más allá de las apariencias, eres portador de una luz que nunca se apaga. Permite que esa luz guíe tus pasos, ilumine tu obra y se extienda, silenciosa y poderosa, hacia todos los rincones del mundo que necesitan calor y esperanza.

El Delta Radiante:

El Ojo que Todo lo Ve

El triángulo como forma divina

Al levantar la vista en el Templo simbólico, muchos ojos se detienen en la figura del triángulo radiante que suele ocupar un lugar elevado. No es una mera figura geométrica ni un adorno más entre otros símbolos; es un signo que contiene una enseñanza profunda sobre la estructura de la realidad y el trabajo interior. El triángulo es una de las formas más antiguas y universales, presente en las culturas de Oriente y Occidente, de las montañas sagradas a las pirámides, de los sellos herméticos a los símbolos cabalísticos. Su simplicidad encierra un misterio: cómo lo Uno se expresa a través de lo Múltiple y cómo lo Múltiple regresa a lo Uno.

El triángulo, con sus tres vértices y tres lados, representa la unión de tres principios esenciales: la Voluntad, el Amor y la Inteligencia; el Padre, el Hijo y el Espíritu Santo; la mente, el cuerpo y el espíritu; el nacimiento, la vida y la muerte. Tres elementos que, al unirse, forman algo mayor que la simple suma de sus partes. En esta figura se refleja la idea de que todo lo creado surge de la interacción de fuerzas complementarias que se equilibran en un tercer punto de síntesis. Este principio de trinidad es universal y aparece en innumerables tradiciones, como un eco de la misma verdad primordial.

Al observar el triángulo radiante, imagina que cada vértice es una virtud o una energía. Uno representa la Voluntad: la fuerza que impulsa, que inicia, que decide. Otro representa el Amor: la energía que integra, que da sentido y dirección a la voluntad. El tercero representa la Inteligencia: la capacidad de discernir, de organizar, de aplicar la sabiduría al mundo. Si uno de estos vértices falta, la obra se derrumba o se vuelve incompleta. Si los tres se equilibran, surge un foco de poder creador que ilumina y transforma, pues el triángulo no es solo un símbolo, sino un modelo de acción interior.

El triángulo también nos recuerda que toda elevación requiere una base firme. Se apoya en dos puntos que representan la dualidad: lo activo y lo pasivo, lo masculino y lo femenino, lo claro y lo oscuro. Sobre esa base se eleva el tercer punto, que es la síntesis, el espíritu que integra y trasciende. Por eso, meditar en el triángulo es meditar en la capacidad de unir los opuestos dentro de uno mismo para alcanzar un estado superior de conciencia. Es un ejercicio de integración, de alquimia espiritual, donde las polaridades dejan de luchar y se convierten en alas que elevan el vuelo.

En el trabajo iniciático, el triángulo es también un recordatorio de la cooperación fraterna. Ningún buscador edifica solo el templo; cada uno aporta una virtud, una visión, una energía. La Logia misma es un triángulo vivo formado por voluntades, corazones y mentes que, al unirse, crean una obra que trasciende a cada individuo. De esta manera, el triángulo es tanto un símbolo personal como colectivo, una invitación a reconocer la interdependencia que sostiene la vida y la obra espiritual. Así, cuando miras al triángulo radiante, no estás mirando solo una figura, sino un espejo de lo que la fraternidad puede lograr cuando se une en propósito y acción.

Las tradiciones esotéricas enseñan que el triángulo también es un signo de protección y ascenso. Su forma apunta hacia arriba, dirigiendo la mirada y la intención hacia lo alto, hacia lo invisible que da sentido a lo visible. Es la flecha silenciosa que señala el centro oculto del cosmos. Por eso, al encontrarte ante este símbolo, permite que tu mente se eleve más allá de lo inmediato y contemple la grandeza de la obra de la que formas parte. Deja que este símbolo te recuerde que no estás confinado a lo horizontal, a lo cotidiano, sino llamado siempre a lo vertical, a lo eterno.

El triángulo radiante, como forma divina, no pertenece a ninguna cultura en exclusiva; es un legado de la humanidad a sí misma, una clave sencilla que encierra verdades profundas. En la Cábala, el triángulo se asocia al Árbol de la Vida y a la triada suprema; en el hermetismo, a los tres principios alquímicos; en la geometría sagrada, al equilibrio perfecto entre estabilidad y ascenso. Cada vez que medites en él, recuerda que también tú eres una obra en construcción, que en ti habitan voluntades, afectos y pensamientos que buscan unirse para dar fruto. Cuando logres esa unión interior, serás como ese triángulo radiante: una forma simple pero perfecta, capaz de reflejar la luz del Gran Arquitecto del Universo con pureza y sin sombras.

Contemplar el triángulo es también una invitación a revisar tu propia vida: ¿están en equilibrio tus tres fuerzas interiores? ¿Tu voluntad se apoya en el amor? ¿Tu amor se guía por la inteligencia? ¿Tu inteligencia se nutre de la voluntad? En esas preguntas se halla una meditación diaria, un ejercicio silencioso que convierte el símbolo en práctica viva. Así, el triángulo deja de ser un dibujo en una pared y se convierte en brújula para el alma, orientándola hacia lo más alto.

El Ojo como símbolo de conciencia testigo

En lo alto del triángulo radiante, muchas veces se representa un ojo abierto que observa en silencio. Este ojo no pertenece a ningún rostro visible, no se cierra, no parpadea; es la imagen de la conciencia que todo lo ve y todo lo sostiene. No es un ojo humano, sino el reflejo de una mirada eterna que penetra todas las cosas, que trasciende los límites del espacio y del tiempo. Su presencia en el Templo es un recordatorio constante de que cada pensamiento, cada palabra y cada obra quedan inscritas en la memoria viva del cosmos, como letras en un libro invisible.

Este símbolo del ojo no es nuevo; se encuentra en civilizaciones antiguas: el Ojo de Horus en Egipto, que ofrecía protección y visión más allá de lo evidente; el ojo de Shiva en la tradición hindú, capaz de destruir la ilusión para revelar lo real; el ojo omnividente en las representaciones cristianas y herméticas, símbolo de la Providencia y la sabiduría eterna. Todos apuntan a una misma idea: la existencia de una conciencia superior que observa sin juzgar, que ilumina sin intervenir, que permanece como testigo silencioso de la obra humana. Esa conciencia es la que inspira al Aprendiz a actuar con rectitud, aun cuando nadie lo observe, porque sabe que su verdadero juez es interior.

Cuando se habla del ojo como símbolo de conciencia testigo, se alude a la capacidad de mirar sin apego y sin rechazo, de contemplar la vida tal como es, sin adornos ni máscaras. En el sendero iniciático, este ojo representa el despertar de esa facultad interior: aprender a observarse a sí mismo y al mundo sin identificarse completamente con lo que se ve. Es un acto de profunda honestidad y de desapego, pues permite ver las propias sombras y luces sin perderse en ellas, cultivando la serenidad de quien observa un río sabiendo que el agua fluye y nunca es la misma.

En el corazón de la meditación masónica, este ojo se convierte en guía silenciosa. Imagina que cada vez que cierras los ojos para entrar en tu interior, otro ojo se abre en lo profundo de tu ser. No es físico; es una percepción expandida que observa tus pensamientos, tus emociones y tus intenciones sin emitir sentencia. Esa mirada interior es la chispa del Gran Arquitecto reflejada en ti, recordándote que eres más que tus actos, más que tus errores, más que tus éxitos; eres un testigo eterno que puede aprender, crecer y elevarse. Es como un faro encendido en la noche del alma, que te recuerda tu verdadera naturaleza aun cuando todo alrededor parezca confuso.

El ojo también simboliza vigilancia. No una vigilancia punitiva, sino la vigilancia consciente que mantiene despierto al buscador. En un mundo donde es fácil perderse en distracciones, ese ojo es la voz silenciosa que recuerda: "Atiende, observa, no te duermas en la rutina." Cada vez que lo ves representado en el triángulo radiante, recuerda que tu propia vida está siendo observada por tu yo más alto, y que cada decisión que tomas es una piedra más en el edificio de tu destino. No hay instante pequeño ni acto insignificante a la luz de ese ojo eterno.

Este símbolo invita a la introspección constante. Al finalizar tus jornadas, pregunta a ese ojo interior: ¿He sido fiel a mis principios? ¿He actuado con la conciencia de que cada obra mía deja una huella? ¿He sabido mirar a otros con la misma compasión y claridad con que deseo ser mirado? Estas preguntas no buscan crear culpa, sino inspirar vigilancia amorosa, esa actitud del alma que mantiene vivo el fuego del trabajo interior. Incluso en los días difíciles, cuando sientas que has fallado, ese ojo no te condena; simplemente observa y te invita a intentarlo de nuevo, con mayor sabiduría y humildad.

El ojo como símbolo de conciencia testigo no es solo un elemento decorativo, sino una llave para el despertar. Nos recuerda que no estamos solos, que en nosotros habita una mirada más alta que observa, acompaña y guía. Esa mirada nos une a todos los buscadores, a todos los que en silencio trabajan por la luz. Que este símbolo te recuerde cada día que la verdadera visión no se limita a los ojos físicos, sino que brota de un corazón despierto, capaz de contemplar la verdad sin miedo y de caminar siempre hacia la luz con paso firme y consciente, sabiendo que cada paso está bajo la mirada amorosa del Gran Arquitecto del Universo.

Ternario creador: Voluntad, Amor, Inteligencia

En el corazón del triángulo radiante y bajo la mirada del ojo que todo lo observa, se oculta una enseñanza que sostiene toda la estructura simbólica: la ley del ternario creador. Este principio enseña que toda manifestación, toda obra, todo crecimiento auténtico, surge de la interacción armoniosa de tres fuerzas fundamentales: Voluntad, Amor e Inteligencia. Comprender esta tríada es comprender el motor mismo de la creación y el modo en que el iniciado puede participar conscientemente en ella.

La Voluntad es la fuerza que inicia, que impulsa, que rompe la inercia de lo no manifestado. Es la chispa primera que decide: "Sea la luz." Sin voluntad, no hay movimiento, no hay inicio de obra, no hay desafío aceptado. Sin embargo, la Voluntad sola puede tornarse destructiva, ciega, tirana. Cuando actúa sin freno ni dirección, genera caos en vez de orden. Por eso necesita ser guiada por otra fuerza, más suave pero no menos poderosa, capaz de darle sentido y dirección.

El Amor es la energía integradora, el lazo invisible que une y da significado a toda obra. Mientras la Voluntad impulsa, el Amor ordena y da dirección. El Amor es la comprensión profunda de que toda vida está entrelazada y de que ninguna creación es digna si no nace del deseo de aportar belleza, servicio o beneficio a otros. El Amor modera los impulsos de la Voluntad, los llena de compasión, de nobleza, de un propósito que trasciende el yo. Pero el Amor, sin discernimiento, puede disiparse, perderse en fantasías o acciones sin base sólida. Por eso también necesita una tercera fuerza que le dé estructura y claridad.

La Inteligencia es la facultad de ver con claridad, de organizar, de discriminar lo esencial de lo superfluo. Es la luz que ilumina el camino de la Voluntad y el Amor, evitando que se conviertan en impulsos ciegos o en emociones desbordadas. La Inteligencia permite que la Voluntad sea eficaz y que el Amor sea fecundo. No es mera acumulación de conocimientos, sino sabiduría aplicada, capacidad de comprender los principios y adaptarlos a la situación concreta de la obra que se realiza. Es un saber que surge de la experiencia, de la reflexión y de la intuición afinada.

Cuando estas tres fuerzas se encuentran en equilibrio, surge algo nuevo, algo que no podría haber nacido de ninguna de ellas por separado. Así como tres puntos definen un triángulo, estas tres energías definen la base de toda creación consciente. Sin la Voluntad no hay impulso, sin el Amor no hay propósito, sin la Inteligencia no hay forma ni dirección. Juntas, forman un circuito de energía que se retroalimenta y se expande, generando no solo obras materiales, sino estados de conciencia más elevados.

En el trabajo interior, esta tríada puede aplicarse a cada decisión, a cada proyecto. Antes de actuar, pregúntate: ¿Cuál es mi Voluntad aquí? ¿Es firme, clara y consciente? Luego pregunta: ¿Qué Amor está guiando esta acción? ¿Qué deseo de servir, de contribuir, de elevar? Finalmente, examina: ¿Qué Inteligencia estoy aplicando? ¿Estoy viendo con claridad, discerniendo los pasos, anticipando consecuencias? Cuando estas tres respuestas se alinean, el acto se convierte en una obra del ternario creador, y se siente un flujo interno que confirma la corrección de tu camino.

Las antiguas escuelas de sabiduría consideraban esta tríada como reflejo de la Trinidad divina manifestada en la creación. Los cabalistas la veían en las tres columnas del Árbol de la Vida: severidad, misericordia y equilibrio. Los alquimistas hablaban del Azufre, el Mercurio y la Sal, representando energías activas, pasivas y conciliadoras. Los místicos cristianos encontraban en ella la unión del Padre, del Verbo y del Espíritu Santo. En todas estas imágenes resuena el mismo principio: que la vida se construye desde una armonía de fuerzas, no desde el dominio de una sola.

Cultivar estas tres energías no es tarea de un solo día. Requiere autoobservación constante, humildad para reconocer los desequilibrios y disciplina para corregirlos. Algunos descubren que tienen Voluntad en exceso pero les falta Amor; otros que su Amor es profundo pero carecen de dirección; otros que la Inteligencia los guía pero la falta de Voluntad los mantiene inmóviles. El trabajo es encontrar el punto donde las tres se abrazan y se potencian mutuamente. Este ajuste constante es como afinar un instrumento: cada nota debe resonar en armonía con las otras para que surja la melodía completa.

Imagina esta tríada como tres ríos que se encuentran y forman un solo cauce. Cada río trae su propia agua, su propia fuerza, su propio recorrido, y al unirse generan un caudal mayor que alimenta campos, pueblos y ciudades. Así también, cuando tu Voluntad, tu Amor y tu Inteligencia se unen, tu vida se convierte en un cauce de bendiciones que fluye hacia otros sin agotarse.

El ternario creador no es solo una idea abstracta, sino una herramienta práctica. En cada plan que traces, en cada palabra que pronuncies, puedes invocar esta tríada interior:

que la Voluntad te dé impulso, que el Amor te dé intención pura, que la Inteligencia te dé visión clara. Entonces, cada obra tuya será como el triángulo radiante, estable y luminoso, reflejando la armonía del Gran Arquitecto del Universo en el mundo visible. Y cuando llegue el momento de la reflexión, podrás mirar tu vida y reconocer, en cada piedra colocada, la acción de estas tres fuerzas unidas, creando no solo un templo exterior, sino una morada de luz en tu propio interior.

Ejercicio: contemplar desde el vértice

Después de haber explorado la fuerza del triángulo como forma divina, de haber sentido la vigilancia silenciosa del ojo interior y de haber integrado la tríada creadora, surge una práctica que ayuda a unificar estas enseñanzas: aprender a contemplar desde el vértice. Este ejercicio no es un mero acto intelectual; es una experiencia profunda de visión interior que transforma la percepción del mundo y de uno mismo.

Cuando se habla del vértice del triángulo, se habla de un punto de vista elevado, el lugar simbólico donde se encuentran la Voluntad, el Amor y la Inteligencia. Desde la base del triángulo, uno se mueve entre polos: lo activo y lo pasivo, lo visible y lo oculto. Pero cuando se asciende al vértice, se percibe cómo esos opuestos se integran y se ven desde una perspectiva más amplia. Contemplar desde el vértice significa elevarse por encima de las dualidades y reconocer el tejido único que las une.

Para lograrlo, comienza por un acto de silencio. Encuentra un espacio tranquilo, cierra los ojos y respira profundamente. Imagina que estás de pie sobre un amplio triángulo tendido a tus pies. Observa sus dos vértices inferiores, uno a tu izquierda y otro a tu derecha, representando experiencias opuestas en tu vida: luz y sombra, éxito y fracaso, alegría y tristeza. Reconócelos sin juzgarlos; simplemente son fuerzas necesarias para sostener la base de tu camino.

Ahora, en tu visualización, dirige tu atención hacia arriba, hacia el vértice superior. Imagina un hilo de luz que se extiende desde tu corazón hasta ese punto. A medida que asciendes en conciencia, siente cómo las polaridades dejan de luchar entre sí y se transforman en componentes de una misma verdad. El vértice no rechaza a ninguno de los lados; los integra y les da sentido. Permite que esta sensación de unidad inunde tu mente y tu corazón.

Desde ese punto elevado, contempla tu vida. Observa las experiencias difíciles y las afortunadas, las relaciones dolorosas y las enriquecedoras, los errores cometidos y las virtudes cultivadas. Mira cómo, desde arriba, todo encaja en un patrón mayor. Comprende que nada está aislado ni perdido; cada pieza es necesaria para formar la totalidad de tu historia. Este acto de contemplación abre el corazón a la gratitud, incluso por aquello que antes se veía como obstáculo.

En la Logia interior, contemplar desde el vértice es también reconocer que tu vida forma parte de un triángulo mayor: tú, tus hermanos y el Gran Arquitecto del Universo. Cada uno ocupa un vértice, y entre los tres se teje una obra viva que trasciende lo individual. Al elevar tu visión, percibes cómo tus acciones, por pequeñas que parezcan, repercuten en el conjunto, y cómo la energía del conjunto te sostiene y te impulsa.

Este ejercicio no requiere palabras ni fórmulas; es un entrenamiento silencioso de la percepción. Practícalo con frecuencia. Con el tiempo, descubrirás que comienzas a ver tu vida y la de los demás desde una perspectiva más amplia, menos rígida, más amorosa. Desde el vértice, el juicio se disuelve y emerge la comprensión. Desde el vértice, los problemas dejan de ser muros y se convierten en peldaños. Desde el vértice, la luz del triángulo radiante ilumina todo el camino por delante.

Que esta práctica te acompañe siempre, recordándote que la verdadera visión no es solo mirar, sino contemplar desde lo alto, integrando en tu corazón la sabiduría de la Voluntad, la compasión del Amor y la claridad de la Inteligencia. Así, tu obra interior se volverá cada vez más perfecta y más cercana a la luz del Gran Arquitecto del Universo.

La Cámara de Reflexión:

Muerte Simbólica y Renacimiento

El sepulcro como matriz de transformación

Antes de que el Aprendiz pueda ascender a estados de mayor claridad, debe enfrentarse a un símbolo que ha acompañado a la humanidad desde tiempos inmemoriales: el sepulcro. Lejos de ser un final, este espacio cerrado, oscuro y silencioso es, en el lenguaje de los Misterios, una matriz de transformación. En muchas tradiciones, la muerte física se interpreta como tránsito; de igual modo, en la vida espiritual existe una muerte simbólica que prepara al iniciado para un renacimiento.

El sepulcro representa el límite de lo conocido, la frontera donde las antiguas formas se disuelven para dar paso a lo nuevo. Es el lugar donde el ego, con todas sus máscaras y resistencias, se ve obligado a callar. Allí no hay títulos, no hay logros, no hay posesiones. Solo queda la esencia desnuda, confrontada con lo que realmente es. Por eso se lo asocia con la Cámara de Reflexión, ese pequeño espacio donde se apagan las luces exteriores para encender la lámpara interior. El silencio allí no es vacío; es el tejido invisible sobre el cual se dibujan nuevas comprensiones.

En términos alquímicos, el sepulcro simboliza la fase de nigredo, la putrefacción necesaria para que la semilla despierte. En la tierra oscura, el grano de trigo muere para renacer como espiga; de igual manera, en el corazón del iniciado, las viejas ideas, los hábitos caducos y las ilusiones personales deben disolverse para que la luz verdadera pueda brotar. Este proceso puede ser doloroso, pues implica soltar aquello a lo que se estaba aferrado. Sin embargo, la alquimia interior no actúa para destruir, sino para refinar y revelar lo eterno en lo pasajero.

Contemplar el sepulcro como matriz de transformación invita a abrazar los momentos de oscuridad en la vida con una mirada distinta. Aquellas etapas donde todo parece perdido, donde la confusión reina y el silencio se impone, son en realidad intervalos fértiles en los que el alma se reconfigura. Así como la crisálida encierra a la oruga en la aparente quietud de la muerte para dar paso a la mariposa, el sepulcro interior guarda la clave de un nacimiento superior. En esa cámara simbólica, se gesta una visión nueva del mundo, un corazón renovado y una voluntad templada.

La tradición de los misterios antiguos enseña que todo iniciado debe morir para renacer. No se trata de una muerte física, sino del sacrificio voluntario de la personalidad antigua, de las máscaras que ya no sirven. Entrar al sepulcro es atravesar un umbral de humildad absoluta: allí no hay nada que defender, nada que demostrar. Solo queda la verdad esencial de quien eres, desnuda ante la luz que se insinúa en la oscuridad. En ese lugar de aparente fin, se revela el inicio de un camino más profundo.

En el recorrido iniciático, entrar al sepulcro es aceptar voluntariamente la disolución de lo viejo. Es permitir que la obra interior se sacuda de todo aquello que no sirve y se abra a la acción de fuerzas superiores. Allí se aprende a soltar, a dejar ir, a confiar en lo invisible. Y en ese acto de entrega, de aparente pérdida, se encuentra el germen de la verdadera ganancia: una conciencia renovada, más amplia, más humilde y más luminosa. Este proceso se repite a lo largo del camino; no ocurre una sola vez, sino cada vez que una nueva etapa exige dejar atrás lo que ya no vibra con la verdad interior.

No temas a la imagen del sepulcro. No lo veas como el final de tu camino, sino como la matriz que te forma de nuevo. En el silencio de ese espacio, escucha lo que nunca antes escuchaste; observa lo que nunca antes observaste. Allí, bajo la mirada del Gran Arquitecto del Universo, la piedra bruta se fragmenta para revelar la gema oculta en su interior. Allí, la muerte simbólica se convierte en la antesala de una vida más plena y más consciente. Cada fragmento de sombra se transforma en piedra luminosa; cada lágrima se convierte en agua que riega un jardín interno que apenas comienza a florecer.

Permite que esta enseñanza te acompañe y te recuerde que toda transformación requiere un tiempo de retiro, de oscuridad y de silencio. Los grandes cambios no ocurren en medio del ruido, sino en la profundidad de la introspección. Entra con confianza en tu propio sepulcro interior, sabiendo que de él no saldrás como entraste, sino como alguien renovado, más cercano a la luz, más firme en el camino del Arte Real, y más consciente de que en cada muerte simbólica late el germen de una inmortalidad que se conquista con trabajo interior y amor silencioso.

Sal, Azufre y Mercurio: la triada interior

En el arte alquímico, mucho antes de que la ciencia moderna delimitara sus dominios, los antiguos sabios hablaron de tres principios fundamentales que sustentan toda creación y toda transformación: Sal, Azufre y Mercurio. Estas no son meramente sustancias materiales; son símbolos vivos de fuerzas presentes en todo ser humano y que, trabajadas conscientemente, pueden conducir a la transmutación interior que anhela el iniciado. Comprenderlos es abrir una puerta a la tradición de los filósofos herméticos, quienes sabían que cada elemento exterior corresponde a un principio interior y que el verdadero laboratorio está en el corazón del buscador.

La Sal representa la base fija, el cuerpo, lo concreto y estable que sostiene la manifestación. Es el principio de cristalización, de permanencia, de aquello que da forma y estructura. En el ser humano, la Sal es su vida física, sus hábitos, su disciplina cotidiana. Sin Sal no hay vaso que contenga la obra; no hay sostén para la energía ni marco para la experiencia. Trabajar con la Sal significa cuidar el cuerpo, establecer fundamentos sólidos, cultivar rutinas sagradas que mantengan la vida ordenada y disponible para el trabajo espiritual. Es como la piedra angular sobre la que se edifica el templo: sin ella, toda construcción se derrumba.

El Azufre, en cambio, es el principio activo, el fuego interior, la chispa vital que transforma y quema las impurezas. Es la pasión, la voluntad encendida, el impulso creativo que no se conforma con lo dado. En el ser humano, el Azufre es esa fuerza ardiente que mueve a buscar la verdad, que no teme destruir lo viejo para dar lugar a lo nuevo. Pero el fuego sin control puede arrasar, por eso requiere ser templado, dirigido, convertido en llama útil y no en incendio. Trabajar con el Azufre implica encender la voluntad y al mismo tiempo dominarla con sabiduría, alimentarla con propósito y contenerla con disciplina. El Azufre es el guerrero interior que se enfrenta a las resistencias, pero que aprende a obedecer a la voz más alta que lo guía.

El Mercurio es el mediador, el principio volátil, la mente y el espíritu que comunican lo alto con lo bajo. Es el agua que fluye, el mensajero alado que en la mitología une mundos separados. En el ser humano, el Mercurio es la inteligencia flexible, la imaginación creadora, la intuición que sabe moverse entre las formas sin apegarse a ellas. Es la capacidad de adaptarse, de traducir lo invisible en actos visibles, de encontrar caminos donde otros ven muros. Trabajar con el Mercurio es afinar la mente, purificar los pensamientos y permitir que la intuición guíe el paso. Sin el Mercurio, la obra queda rígida y sin vida, incapaz de adaptarse a los cambios y de escuchar la voz del espíritu.

Estos tres principios no actúan de manera aislada; se entrelazan en un juego dinámico, como tres notas que al sonar juntas crean un acorde. La Sal necesita del Azufre para ser animada; el Azufre necesita de la Sal para no perderse en el vacío; y ambos requieren del Mercurio para interactuar, para hallar el equilibrio justo entre la estabilidad y el cambio. Cuando estas tres fuerzas se alinean en el interior del iniciado, se genera un proceso de alquimia viva que refina la materia de la vida cotidiana en oro espiritual. No se trata solo de comprenderlas, sino de experimentarlas, de ver cómo actúan en cada decisión y en cada emoción.

En la tradición esotérica, se dice que la Gran Obra es inseparable de este trabajo con la triada interior. No basta con encender la pasión (Azufre) si no se la arraiga en hábitos y estructuras (Sal), ni basta con una base sólida (Sal) si no hay energía transformadora (Azufre) que la impulse hacia nuevas formas. Y sin el Mercurio que conecta, equilibra y da sentido, la obra queda incompleta, como un lenguaje sin palabras o una melodía sin ritmo. La Gran Obra no se realiza en un solo día; es un ciclo continuo de integrar, destruir lo que ya no sirve, y crear de nuevo.

Medita en cómo estas tres fuerzas se manifiestan en tu vida. ¿Tienes suficiente Sal para sostener tus propósitos, para cuidar tu cuerpo y tu entorno? ¿Hay suficiente Azufre en tus decisiones, esa chispa que enciende la acción y transforma lo que toca? ¿Tu Mercurio interior está despierto, atento, flexible, capaz de guiarte entre lo visible y lo invisible? Cada día puede ser un laboratorio, cada experiencia un ensayo donde estas tres energías se ajustan y se armonizan. Incluso en los momentos de crisis, observa cuál de estos principios está faltando o está en exceso, y busca restaurar el equilibrio.

Al igual que en la alquimia externa, la alquimia interna requiere paciencia y constancia. Habrá momentos de cristalización, otros de combustión intensa, y otros de volatilidad y búsqueda. Cada etapa tiene su lugar en la Gran Obra. Reconoce en ti mismo estos estados y aprende a integrarlos, porque ahí reside la clave de la transformación: en aceptar que la vida es Sal, Azufre y Mercurio al mismo tiempo, y que tu tarea es mantenerlos en danza sagrada bajo la mirada del Gran Arquitecto del Universo. Cuando logras esa integración, tu vida se convierte en un triángulo radiante donde cada vértice brilla con su propia luz, pero todos confluyen en una misma visión.

Que esta enseñanza te recuerde que no trabajas solo con herramientas externas, sino con las fuerzas más íntimas de tu ser. Cultiva la Sal, enciende el Azufre y deja que el Mercurio te guíe, y verás cómo tu templo interior se ilumina con una luz que ninguna sombra puede apagar. Así, en cada acto cotidiano, en cada pensamiento elevado, estarás participando de la Gran Obra que transforma no solo a quien la realiza, sino al mundo entero.

El espejo oscuro: confrontar la sombra

En el sendero iniciático llega un momento inevitable: mirar hacia adentro y encontrarse con la propia sombra. Así como el alquimista observa en el espejo de su crisol las impurezas que deben ser separadas, el Aprendiz observa en su interior aquellas facetas que prefiere ignorar, ocultar o negar. Este "espejo oscuro" no es un objeto físico, sino un símbolo profundo: representa la confrontación con las propias limitaciones, temores y deseos ocultos, el umbral donde se decide si se continúa avanzando o se huye de la verdad.

La sombra no es algo ajeno ni un enemigo externo; es parte integral de la psique, formada por todo aquello que ha sido reprimido, no reconocido o mal entendido. En la vida diaria, solemos construir una máscara para mostrar al mundo, mientras escondemos impulsos, emociones y recuerdos que consideramos incompatibles con esa imagen. Pero en el camino del Arte Real no se busca mantener máscaras, sino descubrir la verdad detrás de ellas. Por eso, el espejo oscuro se convierte en herramienta indispensable de autoconocimiento y de purificación interior.

Contemplar la propia sombra es un acto de valentía extraordinaria. Implica ver el orgullo oculto detrás de los actos generosos, el miedo escondido tras la aparente firmeza, la ira latente en palabras suaves, la envidia disfrazada de admiración. El espejo oscuro no condena ni absuelve; solo refleja. Su función es mostrar lo que está allí, sin adornos ni justificaciones. Este reconocimiento puede ser incómodo, incluso doloroso, pero es también profundamente liberador. Porque mientras no veamos nuestras sombras, ellas nos controlan desde lo inconsciente; al iluminarlas con la conciencia, pierden su poder y se transforman en energía disponible para la obra.

Las tradiciones antiguas sabían que nadie puede avanzar sin pasar por esta confrontación. Los mitos están llenos de héroes que descienden al inframundo, no para quedarse allí, sino para rescatar algo precioso. Así también el iniciado entra en su propio inframundo, guiado por la luz interior, para enfrentar sus propios fantasmas. Este descenso no es un castigo, sino una etapa de purificación: allí se queman los velos que oscurecen la visión, allí se quiebra el orgullo, allí se aprende la humildad verdadera. Así se aprende que no hay ascenso sin descenso, ni luz sin haber conocido la noche.

Trabajar con el espejo oscuro requiere disciplina constante. No se trata de juzgarse con severidad ni de alimentar culpas, sino de observarse con honestidad y compasión. El espejo no miente, pero tampoco hiere; muestra y deja al observador la tarea de integrar lo que ve. Cada vez que reconoces una sombra, puedes preguntarte: ¿Cómo puedo transformar esta energía? ¿Qué virtud está escondida detrás de este defecto? Por ejemplo, detrás de la ira puede esconderse un profundo amor por la justicia; detrás del miedo, un deseo de proteger la vida; detrás de la envidia, una aspiración a crecer. En esta alquimia de la sombra, lo que parecía obstáculo se convierte en potencia espiritual.

Esta práctica de confrontar la sombra no se realiza una sola vez. Es un ejercicio continuo, un diálogo permanente con el interior. Cada etapa de la vida revela nuevos aspectos, nuevas capas de oscuridad que esperan ser iluminadas. El espejo oscuro se convierte entonces en un compañero silencioso, que te acompaña en tus meditaciones, en tus reflexiones nocturnas, en esos instantes de sinceridad donde decides mirar más allá de las apariencias. Es un espejo que siempre está disponible para quien se atreve a mirarse sin temor.

Con el tiempo, comprenderás que la sombra no es tu enemiga, sino una maestra exigente que te señala lo que aún falta por integrar. Solo quien acepta sus sombras puede conocer plenamente su luz. El espejo oscuro, lejos de ser un castigo, es un regalo: la oportunidad de mirarte tal como eres, de dejar caer las máscaras y de comenzar a construir tu templo interior sobre cimientos de verdad. Y al hacerlo, descubrirás que la oscuridad misma contiene semillas de sabiduría, listas para germinar bajo el calor de tu atención consciente. Esta es una de las más grandes paradojas del sendero: la sombra, cuando es aceptada, se convierte en aliada.

Que este espejo simbólico te acompañe en tu camino, recordándote que cada sombra enfrentada es una puerta que se abre hacia la libertad interior. Enfréntala con valor, con humildad y con amor, y verás cómo lo que parecía oscuridad se transforma en un resplandor que ilumina tu senda y la de todos los que caminan a tu lado. Así, con cada sombra integrada, tu luz se hará más plena, más serena y más capaz de reflejar la gloria del Gran Arquitecto del Universo.

Meditación: renacer desde el silencio

El recorrido por el sepulcro simbólico y el encuentro con la sombra no tendrían sentido si no desembocaran en una experiencia renovadora: el renacimiento interior. Después de haber descendido a lo más profundo de ti mismo, después de haber mirado cara a cara tus temores y tus debilidades, surge la oportunidad de volver a la luz, pero no como el mismo de antes. El verdadero renacer no es un simple retorno, sino la irrupción de una conciencia nueva, de una visión purificada que se forja en el silencio interior.

Renacer desde el silencio significa permitir que lo que ha muerto en ti dé lugar a lo que aún no conocías de ti mismo. Es escuchar lo que nunca antes habías escuchado porque el ruido de tu mente no lo permitía. En ese silencio fértil, el corazón se convierte en cuna de nuevas intuiciones, en matriz de ideas y sentimientos que antes estaban ocultos bajo capas de ruido interior. Allí se gesta la semilla de una nueva vida espiritual, más auténtica, más libre y más cercana a lo esencial.

El silencio no es solo ausencia de sonido, sino un estado de plena receptividad. Es un espacio sin juicios ni expectativas, donde la palabra interior del alma puede manifestarse. En este estado, las impresiones de lo divino se perciben con claridad. Allí se comprende que no es necesario forzar el despertar; basta con dejar de interferir, con dejar que la luz que siempre estuvo allí encuentre el espacio para expandirse. En la tradición mística, este silencio es la cámara secreta del corazón, donde el Gran Arquitecto del Universo habla en susurros que solo se oyen con el oído del alma.

Imagina que estás de nuevo en esa cámara oscura, pero ahora no con miedo, sino con paz. Has dejado en ella tus cargas, tus máscaras, tus viejas creencias. Ahora, en medio de ese vacío, comienza a sentirse un leve calor, una tenue luz que nace desde dentro. Respira con calma y siente cómo ese fuego interno se expande suavemente, llenando cada rincón de tu ser. No es una luz que viene de afuera; es la luz de tu propia esencia, encendida por la verdad que has descubierto en tu silencio.

Renacer desde el silencio también significa cambiar la manera en que habitas el mundo. Ya no reaccionas desde impulsos inconscientes, sino que respondes desde una conciencia más profunda. Las palabras se vuelven más medidas, los gestos más significativos, las acciones más impregnadas de propósito. El iniciado que renace desde el silencio lleva consigo una serenidad que se siente incluso antes de que hable, una presencia que irradia paz porque ya no está dividido en su interior.

Este renacimiento no es un acontecimiento único, sino un proceso continuo. Cada vez que eliges callar ante la provocación, cada vez que eliges reflexionar antes de actuar, cada vez que buscas el silencio en medio del bullicio para escuchar tu voz interior, renaces un poco más. El silencio se convierte así en la fuente a la que puedes volver siempre que necesites restaurar tu centro, recordar tu esencia y fortalecer tu voluntad de servir.

En ese estado silencioso y renovador, el Templo interior se ilumina con una luz suave pero firme. El ruido del mundo sigue existiendo, pero ya no te arrastra; lo observas desde una distancia serena, como quien ve pasar las olas desde la seguridad de la orilla. Desde ese lugar de calma, puedes volver al trabajo, a la vida cotidiana, con una fuerza y una claridad nuevas, sabiendo que has bebido del manantial que se encuentra en el silencio profundo.

Que esta meditación te acompañe y te recuerde que el renacer no es algo lejano ni misterioso; está al alcance de cada respiración consciente, de cada momento en que eliges el silencio en lugar de la dispersión. En ese silencio, el alma se revela, la sombra se integra y la obra del Gran Arquitecto del Universo continúa, viva y resplandeciente, a través de ti.

XI

El Silencio Operativo
Voz Invisible del Oficio

El Silencio como Lenguaje Sagrado

"El sabio calla más que lo que sabe. Y lo que calla, resuena."
— Aforismo del Taller Interior

Hermano, ha llegado el momento de hablar del silencio. Pero no de aquel que se impone por ignorancia o temor, ni del que nace de la pasividad. Me refiero al Silencio Sagrado, al que guarda la Palabra, al que contiene más significados que mil discursos. No es este silencio un vacío, sino una plenitud contenida. Es, como enseñan los sabios antiguos, el lenguaje de lo invisible, la primera forma de la sabiduría.

Ya en el Capítulo X, hemos descendido a la Cámara de Reflexión, al sepulcro simbólico donde el ego muere para que el alma pueda renacer. Allí, rodeado de símbolos de muerte, el Aprendiz descubre que las palabras ya no alcanzan. El silencio que entonces se instala no es casual: es necesario. Es la atmósfera adecuada para que la transformación ocurra. Ese mismo silencio será ahora nuestro objeto de contemplación, pues sin él, todo el Oficio sería ruido y teatro.

Recordarás, hermano, que en el ritual de iniciación se exige al neófito guardar silencio. No porque se le niegue la voz, sino porque aún no ha despertado en él la palabra verdadera. Antes de pronunciar el Verbo, es preciso aprender a callar. En la tradición cabalística, se dice que la primera letra del alfabeto hebreo no es Aleph, sino el espacio mudo que la precede. Y que en ese espacio sin forma, el Ayin, el no-ser, reposa la totalidad del misterio.

Así también, todo lenguaje sagrado nace del silencio. El Logos emerge del caos primordial como sonido ordenado, pero solo puede ser comprendido si se escucha desde el Silencio interior. ¿De qué serviría el Verbo si no hubiera oído silencioso que lo reciba?

Cuando abrimos un libro sagrado, no leemos solo palabras; leemos entre líneas, leemos los silencios que las palabras intentan señalar. Los hebreos lo sabían: por eso las letras de su alfabeto son también números, sonidos y silencios. El místico que penetra en la Torá no busca solo el contenido explícito, sino lo que está escondido detrás de cada consonante, como si cada palabra fuera una piedra y cada silencio, el templo que las contiene.

También la arquitectura del Templo enseña esto. ¿Acaso no es el Sancta Sanctorum un lugar vacío, donde la presencia divina se manifiesta precisamente en lo que no se ve ni se oye? El Oficio nos recuerda que lo más alto no se revela en el ruido, sino en la quietud. Por eso los antiguos sabios construían templos que hablaban en geometría y proporción, no en sermones.

A veces olvidamos que la piedra también habla, aunque no tenga boca. Y que las herramientas del Obrero tallan no solo la forma, sino el espacio que rodea esa forma. ¿Qué es una columna sin el vacío que la envuelve? ¿Qué es el templo sin su silencio?

En la música, lo entendemos con claridad: no hay melodía sin pausas. El silencio entre nota y nota es lo que permite que la armonía exista. Así también, el silencio en el alma permite que las ideas se ordenen y las emociones encuentren su cauce.

El Aprendiz que trabaja su piedra interior debe aprender a callar. No como quien se reprime, sino como quien escucha. Porque el verdadero silencio no es mudez, es atención. Es abrir los oídos del alma para escuchar la voz del Espíritu.

¿Y qué se escucha en ese silencio? La palabra que no puede pronunciarse. La Palabra Perdida, el Nombre Inefable, el Verbo que dio forma al mundo. No está en los libros, ni en las bocas de los sabios. Está allí, en el silencio operativo que se instala cuando el corazón se alinea con el ritmo secreto del cosmos.

Hay un momento en la vida del Aprendiz —y tú lo conocerás, si no ya, muy pronto— en que las palabras de los libros ya no bastan. Has leído, has memorizado, has estudiado símbolos y rituales. Pero algo en ti pide más. No más información, sino más profundidad. Es allí donde el silencio comienza a hablar. Es allí donde el Oficio se vuelve arte, y el arte, plegaria.

Porque el Oficio verdadero no se enseña con palabras, sino con presencia. El Maestro que trabaja en silencio transmite más que aquel que recita discursos. Sus gestos, su mirada, su forma de colocar cada herramienta, de respirar en el Taller, de observar el trazo de otro Obrero... todo eso es lenguaje sagrado, silencioso, pero pleno de enseñanza.

Por eso el silencio no es solo condición para el aprendizaje: es el aprendizaje mismo. El silencio del Aprendiz no es pasividad, es receptividad activa. Es el terreno fértil donde la semilla del símbolo puede crecer sin ser arrancada por la prisa del intelecto.

En los antiguos Misterios, el silencio era requisito previo a toda iniciación. Se consideraba que quien no podía guardar silencio no estaba aún preparado para portar el fuego del conocimiento. Porque quien habla sin haber digerido lo que sabe, profana. Pero quien guarda silencio hasta que la palabra se hace carne, consagra.

No olvides, hermano, que también en la creación del mundo, según los místicos, el Eterno tuvo que contraerse —crear un vacío dentro de sí mismo— para permitir que el mundo existiera. Ese acto, llamado *Tzimtzum* en la Kabbalah, es un silencio divino. Si el propio Creador calló para permitir la existencia, ¿cuánto más nosotros debemos callar para permitir que lo sagrado habite en nosotros?

El Oficio del silencio es, por tanto, una forma de alquimia. No transforma el plomo en oro, sino el ruido en sentido. No crea cosas nuevas, sino que revela lo que ya estaba, oculto bajo el estruendo de lo mental. El silencio es el crisol donde las palabras se purifican antes de nacer.

Y cuando finalmente el Aprendiz aprende a callar, comienza a escuchar. No solo el murmullo de su alma, sino la voz de la Tradición. Esa voz que no tiene timbre ni idioma, pero que se entiende en todos los corazones sinceros. Esa voz que ha sido transmitida de Maestro a Maestro no solo con palabras, sino con silencios.

La próxima vez que entres en el Taller, no busques hablar. Observa. Siente el silencio de las columnas, la pausa entre cada golpe de mazo, la vibración que se forma en el aire cuando todos callan. Ese silencio no es ausencia: es presencia.

Y cuando el ritual termine, y regreses a tu vida profana, lleva contigo ese silencio. Que no sea una pausa estéril, sino un recinto interior. Que hables menos, y que tus palabras sean más verdaderas. Que pienses menos, y contemples más. Que escuches más, y comprendas mejor.

Porque si el Oficio tiene una voz, es la del silencio. Y si hay una palabra que pueda contener todos los misterios, esa palabra no se pronuncia: se guarda.

Calla, hermano. Escucha. Ahí comienza el verdadero Arte

El Silencio del Constructor: Trazar sin decir

Hermano, hay un silencio que no se busca, pero que llega. Un silencio que no es impuesto desde fuera, sino que brota desde dentro como una consecuencia inevitable del trabajo verdadero. Es el silencio del Constructor.

No se trata ya del silencio inicial del Aprendiz que aún no sabe, ni del silencio ritual del iniciado que se prepara. Hablamos aquí del silencio operativo, del silencio que brota mientras se traza, se mide y se talla. El Constructor calla no porque no tenga qué decir, sino porque su palabra ha sido trasladada a la acción. Su verbo se ha hecho obra.

En cada Taller del mundo hay uno de estos silencios. Es fácil reconocerlo, aunque no se anuncie. Se percibe como una densidad invisible en el aire, una gravedad sutil que emana de quien, concentrado en su trabajo interior, no busca ser oído ni visto. Aquel que ha encontrado en el Oficio una oración sin palabras, una disciplina que no necesita aplauso ni consuelo. Su trazo es discreto, pero firme; su obra, silenciosa, pero eterna.

El Constructor traza, pero no explica.
Talla, pero no presume.
Levanta, pero no exige reconocimiento.

Esta es la verdadera Maestría silenciosa: aquella que no necesita manifestarse para influir, ni proclamarse para obrar. En tiempos donde todo parece exigir explicación, donde cada gesto debe ser narrado, justificado o compartido, el Constructor permanece fiel a otro ritmo. Escribe con compás y escuadra sobre un pergamino invisible. Y ese pergamino es su vida.

El silencio del Constructor no es ausencia de comunicación: es otro modo de transmitir. Quien ha trabajado sobre sí mismo durante años descubre que las palabras, aunque necesarias, no siempre alcanzan. Las ideas profundas, los gestos de virtud, las comprensiones reales... son difíciles de traducir sin que se pierda su esencia. Así, el Constructor opta por otra vía: la vía simbólica, la vía del ejemplo, la vía del hacer.

Por eso decimos que este silencio es operativo. Porque actúa. Porque no está vacío de intención, sino colmado de dirección. Es como el espacio entre los bloques de una muralla perfecta: invisible, pero imprescindible. O como el aire entre los versos de un poema sagrado: lo que da sentido a lo dicho, es lo no dicho.

En el simbolismo del templo, el Constructor se identifica con Hiram: el artífice silencioso, fiel al Plan, que no traiciona el secreto del Trazado ni siquiera frente a la muerte. Él no revela su obra antes de tiempo, no acelera los ritmos de la Gran Obra. Su silencio es el sello de su lealtad.

¿Cómo se forma este silencio?

No llega de golpe. Es fruto de un trabajo prolongado, de un pulimiento constante del ego. El deseo de ser escuchado, admirado o comprendido va disminuyendo a medida que se comprende que la verdadera comprensión no está en lo externo, sino en el alineamiento con lo esencial. El Constructor comprende que no se trata de impresionar, sino de edificar.

Hay una humildad en este silencio que no es sumisión, sino claridad. Una humildad que nace de saber que toda piedra bien colocada es más elocuente que mil palabras. Que cada acto justo, aunque invisible, transforma el mundo más que cualquier declaración. El Constructor opera en la intimidad de su conciencia, como quien conoce el poder del símbolo y no lo utiliza para dominar, sino para servir.

Y es que el silencio del Constructor no es solo introspectivo. También es magnético. Al igual que la piedra imantada atrae sin hacer ruido, así la presencia de un Obrero silencioso inspira a otros sin necesidad de discursos.

Su sola manera de estar en el Taller —atenta, sobria, paciente— comunica una enseñanza viva.

Este silencio también protege. Protege al Constructor de la dispersión y protege a la Obra de ser profanada. En el arte de trazar sin decir, hay una sabiduría ancestral: si hablas antes de tiempo, tu trazo se debilita; si declaras tu intención antes de haberla encarnado, la desvías. Por eso el verdadero Constructor no revela el símbolo hasta que el símbolo ha sido vivido.

El Oficio es, en su esencia, una disciplina del gesto y de la forma. Los antiguos talladores sabían que un trazo en falso podía arruinar toda una obra. Así también, una palabra inoportuna puede desviar toda una enseñanza. Por eso el silencio del Constructor es también vigilancia. No un miedo al error, sino un respeto por el poder de lo que se está haciendo.

En este silencio hay belleza. Una belleza que no busca atención, pero que resplandece en quien sabe mirar. La belleza de un muro bien alineado, de una curva bien resuelta, de una proporción armónica. El Constructor no busca que se le admire, sino que se admire la Obra. Y en eso, desaparece, como el verdadero artista que se diluye en su arte.

Pero cuidado: este silencio puede ser malinterpretado. El mundo profano lo ve como frialdad, como indiferencia o incluso como arrogancia. ¿Por qué no hablas? ¿Por qué no explicas lo que haces? ¿Por qué no defiendes tu posición? Pero el Constructor sabe que la defensa más poderosa no es el discurso, sino la coherencia. Que la verdad no necesita gritar cuando se encarna.

Este silencio no es aislamiento. El Constructor no se retira del mundo. Está plenamente presente. Pero su presencia no es bulliciosa. Es profunda. No es pasiva, sino activa desde el interior. Su silencio es el de la montaña, que no se mueve pero transforma el paisaje. Es el del sol, que no hace ruido pero da vida. Es el del fuego sagrado, que consume sin alardes.

¿Y cómo cultivar este silencio en tu vida, hermano?

- Trabaja más que lo que hablas.
- Reflexiona antes de emitir juicios.
- Honra el símbolo más allá de la palabra que lo describe.
- Permite que tus actos hablen por ti.
- Acepta que no todo debe ser comprendido por los demás.

Hay momentos en que hablar es una traición al Oficio. No porque el contenido sea falso, sino porque el receptor aún no está preparado. El Constructor guarda sus planos hasta que la piedra está lista. Así también, el Iniciado espera el momento justo para compartir, y mientras tanto… trabaja. Silenciosamente. Fielmente.

Hermano, si llegas a cultivar este silencio, descubrirás que no necesitas convencer a nadie. Porque tu vida se convertirá en un trazado comprensible para quienes tienen ojos para ver. Y comprenderás que el mayor elogio que puede recibir un Obrero no es un aplauso, sino el silencio admirativo de otro Obrero.

Así como el sol traza su curso sin ruido, así traza el Constructor. Así como la semilla crece sin declarar su proceso, así crece la piedra viva. Así como el Verbo se hizo carne sin necesidad de anunciarse, así se hace obra la palabra silenciosa del Constructor.

Y cuando llegue el momento de pasar tus herramientas a otro, lo harás sin palabras. Le entregarás tu ejemplo, tu trazo, tu presencia. Y eso bastará.

Calla, pero actúa.
No digas, pero revela.
No declares, pero encarna.
Ese es el Oficio del Constructor. Y su voz, es el Silencio.

El Silencio Iniciático: Custodio de Misterios

Hermano, llegamos ahora al umbral más delicado del Oficio: aquel que no se cruza con los pies, sino con el alma. Hasta aquí hemos contemplado el silencio como condición para la comprensión, y luego como expresión de la obra en marcha. Pero hoy debemos ir más allá. Hoy contemplamos al silencio no como vacío, sino como cofre sellado. No como espera, sino como custodia.

El silencio iniciático es el que vela lo sagrado. No por ocultismo vano, ni por elitismo espiritual. Sino porque hay misterios que, al ser pronunciados sin preparación, se vacían. Hay verdades que no pueden ser habladas sin perder su poder. El silencio es, en estos casos, un acto de compasión hacia el símbolo y de respeto hacia el alma que aún no está lista para recibirlo.

Así como el Santuario interior del Templo no podía ser profanado por cualquiera, así también los Misterios no pueden ser compartidos sin discernimiento. El Oficio exige, ante todo, fidelidad a lo esencial. Y la fidelidad, en este camino, se manifiesta en saber cuándo callar.

La tradición nos lo recuerda una y otra vez: **todo Iniciado es también un Guardián**. No sólo de símbolos o rituales, sino de un estado de conciencia que no puede ser transmitido como una lección. El verdadero secreto iniciático no es una frase escondida, ni una clave perdida. Es un nivel de vibración espiritual que solo se puede alcanzar, y reconocer, en silencio.

Y cuando se encuentra, no se grita. Se guarda. No se escribe. Se encarna.

El silencio iniciático es el guardián invisible del **ars arcana**, del arte secreto que los sabios del pasado legaron en símbolos, metáforas, mitos y geometrías. No porque no supieran hablar claro, sino porque sabían que lo más elevado no puede reducirse a definiciones. El símbolo es una puerta. La palabra lo señala. Pero es el silencio quien la abre.

En la Cábala, Daath, el falso sephira, el "conocimiento invisible", se ubica en la garganta del Árbol de la Vida. No es casualidad. Allí donde la voz se forma, Daath oculta su poder. El conocimiento más profundo no se pronuncia. Se atraviesa. Y para eso, hay que callar.

En los Misterios antiguos, la iniciación estaba precedida por un juramento de silencio. Y no era un mero formalismo. Se trataba de un pacto entre el alma y el símbolo: "Si estás dispuesto a recibir, debes estar dispuesto a no profanar." Porque profanar no es solo revelar. Es reducir lo sagrado a lo útil, lo misterioso a lo práctico, lo sutil a lo mental.

Y es aquí donde el Aprendiz se enfrenta a su ego una vez más. Porque hay en todos nosotros un impulso a "compartir lo que sabemos", a "enseñar lo aprendido", a "decir lo que nos fue mostrado". Pero hay un momento en el Oficio donde el alma se vuelve templo, y dentro del templo hay secretos que deben ser custodiados como la llama eterna del Ara.

Hermano, no confundas este silencio con miedo o con pasividad. Es, en realidad, un acto de poder interior. Callar no porque se te imponga, sino porque has comprendido que hay cosas que solo florecen en la oscuridad del misterio. Porque sabes que hablar sin madurez es como abrir la crisálida antes de tiempo: se destruye lo que estaba naciendo.

Este silencio es, en cierto sentido, un lenguaje con el Infinito. Porque cuando el alma entra en contacto con lo sagrado, lo primero que experimenta es una incapacidad de traducirlo. Los místicos lo describen como una sobrecarga del alma. "No puedo decir lo que vi, pero lo que vi cambió mi ser."

Allí comienza la verdadera transmisión iniciática: no por palabras, sino por presencia. Los verdaderos Maestros no enseñan con frases memorables, sino con su modo de vivir, de mirar, de estar. El silencio que los rodea es el aura de lo no dicho. Y sin embargo, quien ha sido tocado por ellos, recibe la enseñanza completa.

Este tipo de silencio también protege al símbolo. No como quien esconde un tesoro por avaricia, sino como quien comprende que el símbolo es una semilla: debe caer en tierra fértil. No se lanza al viento. El símbolo solo germina cuando el alma está arada por el trabajo interior, humedecida por la meditación, y dispuesta a dejarse transformar.

¿Y cómo se forma este silencio iniciático?

- **Guardando el misterio dentro de ti**, no como posesión, sino como llama.
- **No rebajando lo sagrado al lenguaje cotidiano**, sino preservando su vibración.
- **Evitando la impaciencia de querer ser comprendido**, y confiando en que el símbolo obrará en su tiempo.
- **Sosteniendo los secretos en tu corazón**, no por temor, sino por amor.

No todo debe ser dicho, hermano. Y no todo debe ser entendido por todos. El Oficio enseña que el verdadero conocimiento no es horizontal, sino vertical. Se desciende en uno mismo. Se sube en silencio. Y desde ese ascenso interior, todo lo demás se ordena.

En uno de los textos gnósticos encontrados en Nag Hammadi, se lee:

"Si dices lo inefable, no lo has entendido. Si lo callas, lo haces vivir."

Este silencio, entonces, no es omisión, sino encarnación. Porque quien ha atravesado los velos y ha visto lo sagrado, no necesita decirlo. Se convierte en canal, en forma viviente del Misterio. Y allí su vida habla por sí sola. El Iniciado que calla es aquel que ha comprendido que el conocimiento verdadero no se transmite: se contagia.

¿Has sentido alguna vez, hermano, que después de una experiencia mística no puedes hablar durante horas? ¿Que cualquier palabra parecería una traición al momento vivido? Ese es el silencio iniciático. No busca esconder. Busca preservar. No para él, sino para la Obra.

Por eso, también, este silencio es vínculo. Une a los Iniciados más allá del lenguaje. Crea una fraternidad silenciosa que se reconoce no por las palabras que comparte, sino por la vibración que sostiene. Y cuando dos Obreros se encuentran en ese silencio, todo está dicho sin decir.

Deja que este silencio sea tu escudo. Cuando el mundo quiera arrastrarte al bullicio, recuerda lo que guardas. Cuando el ruido de lo profano quiera opacar tu templo, ve al recinto interior donde habita lo no dicho. Y allí, renueva tu pacto con el Oficio.

Porque el mayor misterio que se te ha confiado no está escrito en libro alguno. Está en ti. Y sólo el silencio sabe protegerlo.

El Silencio Transfigurado: El Verbo que no necesita forma

Hermano, tras haber recorrido el silencio como aprendizaje, como operación y como custodia, queda aún una dimensión más sutil y elevada: el silencio como transfiguración. El punto final del Oficio es también su origen eterno: el momento en que ya no hay palabra que decir, porque el Verbo ha sido encarnado, y su luz se irradia sin necesidad de forma.

Este es el Silencio del Espíritu.

No se trata ya de guardar silencio. Se trata de ser silencio. De haber disuelto en ti toda necesidad de explicarte, de defenderte, de significarte. Ya no necesitas ser entendido, porque has comprendido. Ya no necesitas ser visto, porque has visto. Ya no necesitas hablar, porque te has convertido en la voz no pronunciada del Oficio.

Este silencio no es voluntario, ni forzado. Es natural. Nace como flor final de un largo trabajo interior. Como el oro del alquimista que no se apresura, sino que aparece al final del proceso, cuando el crisol ha purificado toda escoria. Es el silencio del alma que ha dejado de resistirse a lo Real. El silencio del Iniciado que ha muerto simbólicamente y ha renacido como templo vivo.

En ese estado, toda palabra es sagrada, porque nace desde un lugar que no necesita hablar. Cada gesto se vuelve lenguaje. Cada mirada, oración. Cada silencio, revelación.

¿Y cómo se alcanza este estado?

No por esfuerzo, sino por rendición.
No por conquista, sino por desnudez.
No por el poder del yo, sino por su disolución en lo eterno.

El Oficio del silencio transfigurado es el del alma que ha dejado de buscar fuera lo que encontró dentro. Y que, habiéndolo hallado, no necesita proclamarlo. Porque ha descubierto que la piedra ya contenía la figura. Que el templo ya estaba en su corazón. Que el Gran Arquitecto del Universo no está lejos, sino que es el aliento mismo de su ser.

Cuando alcanzas esta dimensión del silencio, entiendes lo que los antiguos llamaban *la Palabra Perdida*. Y descubres que no era una palabra en absoluto. Era un estado de conciencia. Una vibración. Un alineamiento. Por eso, cuando se la encuentra, no se pronuncia. Se vive. Se respira. Se transmite por irradiación.

El silencio transfigurado es, entonces, una irradiación del Ser. No es algo que haces, es algo que eres. Y como toda luz verdadera, no se impone: se ofrece. No encandila: ilumina. No separa: unifica.

En este punto, las herramientas del Taller ya no pesan. El mazo se ha vuelto símbolo interior de voluntad perfecta. El cincel, manifestación del discernimiento encarnado. La escuadra, ley viviente que se traza con cada paso. Ya no necesitas visualizarlas: tú eres la herramienta, tú eres la obra, tú eres el templo.

Y por eso, callas.

Pero tu silencio ya no es cierre: es apertura. Ya no es ocultamiento: es revelación. Tu presencia se convierte en palabra viva. Tu respirar es el himno del Oficio. Tu forma de habitar el mundo se vuelve enseñanza para quien sepa ver. Ya no buscas que te escuchen, pero el que escucha atentamente, oye en ti una música secreta.

Este estado ha sido descrito por místicos de todas las tradiciones. En la Cábala, es el estado de unión con Kéter, la corona, donde ya no hay dualidad entre hablante y oído. En el sufismo, se llama *fana*, la aniquilación del yo en el Amado. En el cristianismo es la teosis, la divinización del alma. En todos los casos, el lenguaje ha cedido su lugar al fuego, y el fuego no necesita verbo para arder.

Y sin embargo, el silencio transfigurado no es retiro. No es huida del mundo. Es presencia absoluta en él. Porque quien ha llegado al corazón del Oficio no se esconde: se ofrece. Como luz suave en la oscuridad, como agua en la sed espiritual del mundo.

Ya no buscas construir un templo de piedra. Eres el templo.

Ya no necesitas enseñar símbolos. Eres el símbolo.

Ya no repites fórmulas. Eres la fórmula hecha carne.

Y por eso, cuando hablas —si hablas— cada palabra lleva dentro el perfume del silencio. Porque ha brotado desde lo profundo. Porque no busca convencer, sino sembrar. Porque no nace del ruido de la mente, sino del reposo del corazón.

Este es el final del Oficio. Pero no su término, sino su plenitud.

Has tomado el mazo, has sentido el peso del cincel, has enfrentado tus sombras en la Cámara de Reflexión, has cruzado las columnas, caminado el pavimento mosaico, encendido el Ara del corazón, contemplado el Delta y escuchado el Silencio. Ahora, ese Silencio vive en ti. Ya no eres Aprendiz, ni Maestro: eres Obra en marcha, eterna, sin nombre.

Y aquí, hermano, se cierra el círculo. El Oficio comenzó con una piedra muda. Ahora, esa piedra canta. No con voz, sino con forma. No con sonido, sino con vibración. El canto del silencio es la música que sólo escucha quien también ha callado.

Así, cuando llegues al final de esta página, no corras a hablar. Respira. Cierra los ojos. Siente. Permanece en ese umbral sin nombre donde el Oficio se vuelve aliento. No hay nada más que decir.

Calla.
Y deja que el Verbo se haga vida en ti.

Epílogo

El Silencio Iluminado

El Oficio como camino eterno

Cuando se cierra un ciclo de instrucción, no se clausura un libro ni se abandona una senda: se abre un horizonte más amplio, se reconoce que el viaje interior apenas comienza. El Aprendiz que ha transitado por estos capítulos comprende que el Oficio del Silencio no es un estado pasajero, sino una vocación permanente, una actitud ante la vida que transforma cada instante en trabajo sagrado. El silencio deja de ser simple ausencia de sonido para convertirse en el espacio donde germina la palabra verdadera, el gesto justo, la mirada compasiva.

El camino masónico no termina en el primer grado ni en la última palabra de un texto; al contrario, cada enseñanza recibida es apenas una llave para abrir nuevas puertas. Por eso se dice que el Oficio es eterno: porque mientras haya aliento en el pecho y preguntas en el corazón, habrá piedras que tallar, habrá luz que buscar, habrá silencio que cultivar.

El verdadero iniciado no se conforma con lo aprendido, sino que se sabe aprendiz perpetuo en la obra infinita del Gran Arquitecto del Universo. La humildad de reconocerse siempre aprendiz es la corona invisible de todo verdadero trabajador de la luz.

El Oficio como camino eterno implica comprender que las herramientas simbólicas no son simples objetos de estudio, sino espejos de procesos vivos que se repiten y se refinan a lo largo de toda la existencia. La piedra bruta nunca deja de mostrar nuevas aristas que pulir; la escuadra y el compás nunca dejan de recordar la rectitud y la medida que la vida demanda; el centro del templo nunca deja de invitar a volver al silencio para escuchar la voz interior. Incluso los símbolos más conocidos se revelan de nuevo cuando la mirada es fresca, cuando el corazón se mantiene abierto a la enseñanza.

Cada día ofrece una nueva oportunidad de aplicar lo aprendido. El saludo al amanecer puede convertirse en un acto de gratitud consciente; el trabajo cotidiano puede transformarse en liturgia cuando se realiza con esmero y propósito; el encuentro con el prójimo puede ser ocasión de servicio silencioso y fraternal. Así, el Oficio deja de ser algo que se practica solo dentro de un templo físico y se convierte en la forma misma de habitar el mundo. La ciudad, el hogar, el taller o el campo se convierten en logias vivas donde el espíritu opera sin necesidad de ornamentos externos.

No hay final para este camino porque el espíritu humano es inagotable. Como las aguas de un río que nunca se detienen, la vida interior fluye siempre hacia adelante, invitando a descubrir nuevas profundidades. Aun después de años de trabajo y estudio, siempre surge una nueva pregunta, una nueva meditación, un nuevo símbolo que revela un matiz distinto de la verdad. Este dinamismo es la prueba de que el Oficio está vivo y de que la chispa divina sigue ardiendo en cada corazón dispuesto. La obra personal se entrelaza con la obra colectiva de todos los buscadores de todos los tiempos.

Recuerda que los Maestros más sabios siguen preguntando, que los más grandes constructores siguen puliendo su piedra. Cada paso, por pequeño que parezca, deja huella en el suelo sagrado de la existencia. Cuando tallas con cuidado tu interior, inspiras a otros sin necesidad de palabras. Cuando eliges el silencio ante la injusticia para actuar con justicia, estás cumpliendo el Oficio. Cuando compartes tu luz sin exigir reconocimiento, estás prolongando el legado de quienes caminaron antes que tú.

Que al cerrar este libro no cierres tu búsqueda. Que cada página leída sea semilla de nuevas reflexiones, de nuevas prácticas, de nuevos silencios fecundos. Que recuerdes siempre que no caminas solo: hay una fraternidad invisible que te acompaña, que trabaja contigo en lo secreto, que celebra cada avance y te sostiene en cada prueba. El Oficio es eterno porque el alma que lo abraza se vuelve eterna en su aspiración de luz. La obra no termina en un taller ni en una vida, porque el espíritu sigue edificando más allá de los límites del tiempo.

Sigue adelante, con humildad y con firmeza, tallando tu piedra, afinando tu corazón, elevando tu mente. El Oficio del Silencio no termina aquí; apenas empieza a desplegarse en tu vida, guiándote hacia horizontes donde la palabra se calla y la verdad resplandece en silencio. Que tus manos sigan creando, que tus ojos sigan contemplando, que tu voz sepa callar para que hable el alma. Y que en cada respiración recuerdes que el verdadero Templo se construye instante a instante en lo más profundo de tu ser.

Más allá del grado, la vocación interior

Cuando el Aprendiz toma conciencia de que el Oficio no es un peldaño estático sino un movimiento perpetuo, surge una intuición más profunda: no se trata solo de avanzar de un grado a otro, sino de cultivar una vocación interior que trasciende toda ceremonia. Los grados son hitos, no destinos; son mapas, no territorios. Lo esencial es el fuego interior que nos impulsa a seguir buscando, a seguir puliendo, a seguir sirviendo, aun cuando no haya testigos.

Más allá del grado alcanzado, lo que importa es la disposición del corazón. Hay quienes ostentan grados elevados y sin embargo han olvidado la humildad, y hay quienes permanecen oficialmente como aprendices pero cuyo interior irradia sabiduría. La verdadera vocación interior no se mide en títulos, sino en la capacidad de encarnar en la vida cotidiana los principios aprendidos en el Templo: justicia, fraternidad, paciencia, amor silencioso y rectitud.

El Oficio enseña que todo lo externo es símbolo de una realidad interior. Así, las herramientas, los rituales, las palabras de pase, son recordatorios de procesos vivos que deben cultivarse día tras día. Cuando el corazón es el altar, la vocación interior se vuelve una llama constante, un llamado que guía cada pensamiento, cada gesto y cada decisión. Es entonces cuando el trabajo del Aprendiz se convierte en un arte: el arte de vivir conscientemente, de servir sin esperar recompensa, de aprender sin descanso.

Más allá del grado, el verdadero secreto está en mantener encendida la inquietud sagrada. Esa inquietud es la que te impulsa a seguir preguntando, a seguir meditando en símbolos, a seguir buscando la luz en medio de las sombras. Es la que te recuerda que, aunque la obra externa pueda parecer concluida, la obra interior está siempre en proceso. Ninguna piedra queda completamente perfecta mientras haya vida, porque siempre hay algo más que aprender, algo más que entregar, algo más que purificar.

Esta vocación interior también transforma la mirada sobre los demás. Ya no ves solo hermanos de grados distintos, sino viajeros que, cada uno a su modo, están recorriendo el mismo sendero. Ves en sus luchas tus propias luchas, en sus triunfos tus propias victorias. La fraternidad deja de ser una palabra y se convierte en experiencia viva. Aprendes a valorar el silencio de quienes guardan su sabiduría, y también las preguntas sinceras de quienes recién comienzan. En todos ellos se refleja algo de ti mismo, y en ti se refleja algo de ellos.

Vivir desde esta vocación interior es también aceptar que el trabajo nunca termina. Cada nuevo día trae consigo la oportunidad de volver a empezar, de renovar votos silenciosos con la verdad y con el servicio. Más allá del grado alcanzado, la meta es la misma: la construcción del Templo interior, piedra a piedra, virtud a virtud. Esta es la gran lección del Oficio: lo que importa no es cuántos grados subas, sino cuánta luz logres encender dentro de ti y compartir con el mundo.

Que este epílogo sea un recordatorio de que la Masonería, en su esencia más pura, no es una acumulación de conocimientos ocultos, sino un camino vivo hacia una mayor humanidad. Más allá de todo grado, tu vocación interior es el verdadero legado que puedes dejar: una vida que inspire, que alivie, que construya. Que tu corazón siga latiendo como un compás de silencio y luz, y que cada paso que des, lo des como quien sabe que está dejando una huella luminosa en el sendero eterno del Arte Real.

La piedra que regresa al Templo

Hay un instante en el camino silencioso del Aprendiz en que surge una comprensión profunda: todo trabajo interior, toda virtud cultivada, toda lágrima derramada en el crisol del espíritu, no son esfuerzos aislados, sino piedras vivas destinadas a volver al Templo mayor. Este Templo no es de piedra labrada por manos humanas, sino de luz y de conciencia, construido generación tras generación por aquellos que han buscado la verdad con corazón sincero.

La piedra que regresa al Templo es tu propia vida, transformada. No se trata de morir para ser recordado, sino de vivir de manera que tu existencia se convierta en parte de un edificio invisible pero eterno. Cada acto de bondad, cada palabra justa, cada sacrificio silencioso se coloca como piedra angular en ese Templo colectivo. Así, la obra personal trasciende lo individual y se convierte en herencia espiritual para quienes vienen detrás.

En la tradición de los constructores, la piedra que no encajaba era devuelta al taller, pulida nuevamente, y entonces encontraba su lugar. De la misma forma, las experiencias que en un momento parecen fracasos son, en realidad, labores inacabadas que piden paciencia y tiempo. Cuando se integran, cuando se entienden, cuando se perdonan, esas experiencias se convierten en piedras útiles, dignas de ser colocadas en la Gran Obra.

Regresar al Templo es también recordar que nada de lo que hacemos se pierde. Las acciones silenciosas, los pensamientos puros, las plegarias ofrecidas en secreto, todo contribuye a esa arquitectura oculta que sostiene la fraternidad universal. Cada Aprendiz que eleva su vida a servicio y verdad se convierte en un maestro de obras sin saberlo, y su legado permanece aunque su nombre se borre del tiempo.

Esta visión transforma el modo en que se vive lo cotidiano. Las tareas simples cobran sentido cuando se ven como parte de una obra mayor. Una sonrisa ofrecida en medio del cansancio es una piedra preciosa; una ayuda brindada sin testigos es una columna invisible que sostiene el espíritu colectivo; una palabra de aliento puede ser la clave de un arco que sostiene a otro hermano en su propio camino. El Templo se construye en el silencio, pero su eco resuena en todas partes.

Cuando comprendes que tu piedra regresa al Templo, dejas de medir tu vida por éxitos externos y comienzas a medirla por la calidad de tu luz interior. No importa el tamaño de tu obra; lo que importa es su pureza, su rectitud, su armonía con el todo. El Templo no necesita ornamentos ostentosos, sino piedras firmes y auténticas. Y cada uno de nosotros tiene la posibilidad de ser una de esas piedras.

Que esta reflexión te acompañe más allá de estas páginas. Que al mirar tu vida veas no solo tus desafíos, sino las piedras que ya has colocado en la Gran Obra. Que cada día, al despertar, te preguntes: ¿Qué piedra voy a pulir hoy? ¿Qué gesto, qué pensamiento, qué silencio ofreceré al Templo eterno? Así, tu camino no será solo tuyo, sino parte de una obra que nunca termina y que siempre se eleva hacia la luz del Gran Arquitecto del Universo.

La Palabra Perdida y el Silencio Hallado

A lo largo de este viaje simbólico y silencioso, quizá hayas sentido el anhelo por una clave definitiva, por esa Palabra que se dice perdida, por un secreto que parece escaparse siempre entre las manos del buscador. Así ha sido desde los tiempos más antiguos: los constructores y los místicos han hablado de una Palabra sagrada, oculta, extraviada en la noche de los siglos. Muchos la buscan afuera, en libros, rituales o labios ajenos. Pero el Aprendiz que persevera en el Oficio del Silencio descubre algo inesperado: la Palabra Perdida no está fuera, sino dentro, aguardando a ser escuchada en el corazón.

Esa Palabra no es una sílaba ni un vocablo, sino una vibración, una certeza interior que unifica lo que antes estaba fragmentado. Surge cuando la mente se aquieta, cuando el ego se disuelve, cuando el ruido de los deseos cede ante la presencia de lo eterno. Entonces, como un eco suave, la Palabra emerge. Y quien la escucha comprende que no hay lenguaje humano que pueda contenerla; es demasiado amplia, demasiado pura. Su sonido no se oye con los oídos, sino con la conciencia despierta.

El proceso de hallarla es, paradójicamente, un proceso de desaprendizaje. Se abandona la obsesión por acumular datos, se deja de buscar la validación externa, se callan los discursos interiores que distraen. Se entra en el silencio profundo, no para huir del mundo, sino para escucharlo desde su centro. Allí, en ese silencio que no es vacío sino plenitud, la Palabra se revela como lo que siempre estuvo presente: el latido mismo del Gran Arquitecto del Universo resonando en tu interior.

La Palabra Perdida, hallada en el Silencio, es también la unión de lo humano y lo divino. Es el instante en que comprendes que no caminas separado, que cada piedra tallada en tu interior es parte de una obra infinita. Es la mirada que se alza al cielo y encuentra en las estrellas no solo luces lejanas, sino letras de un alfabeto cósmico que se escribe también en tu corazón. Entonces, cada gesto justo, cada acto de bondad, cada silencio fértil, se convierten en sílabas vivas de esa Palabra.

Quien alcanza esta comprensión ya no se afana por pronunciar lo inefable. Vive la Palabra. La deja resonar en su conducta, la graba con sus manos en cada obra que realiza, la transmite sin palabras a quienes lo rodean. Y el Silencio, lejos de ser carencia, se convierte en el santuario donde esa Palabra habita y se renueva. Así, el misterio deja de ser un enigma frustrante y se vuelve una fuente de inspiración inagotable.

Aprende, pues, a confiar en ese Silencio Hallado. No es soledad, sino comunión; no es ausencia, sino presencia plena. Allí descubrirás que la Palabra Perdida nunca se perdió, solo esperaba que callaras lo suficiente para escucharla. Y al hallarla, comprenderás que tu vida entera puede ser su eco, que tu existencia misma puede convertirse en un himno silencioso que asciende, piedra tras piedra, hacia la bóveda celeste.

El aprendiz que nunca deja de serlo

Al llegar al final de este libro, puede que sientas la tentación de cerrar también tu búsqueda. Sin embargo, lo que estas páginas te han querido mostrar no es una meta, sino una actitud, una forma de vivir que no se detiene jamás. El verdadero Oficio del Silencio no concluye cuando se apaga la luz de la Logia ni cuando se termina un ciclo de estudio; continúa latiendo en cada pensamiento, en cada palabra y en cada obra que realizas.

El aprendiz que nunca deja de serlo es aquel que, sin importar cuántos grados alcance o cuántos símbolos descifre, mantiene la humildad de saber que siempre hay más por aprender. Esa humildad no es debilidad; es fuerza espiritual, pues abre la puerta a nuevas revelaciones, a nuevas perspectivas y a una luz que nunca se extingue. Seguir siendo aprendiz es aceptar que la vida misma es un Templo infinito y que cada día nos invita a tallar una nueva faceta de nuestra piedra interior.

Cuando abrazas esta identidad de aprendiz perpetuo, descubres que cada experiencia —sea de gozo o de prueba— trae consigo una enseñanza oculta. La mirada se vuelve más amplia, el corazón más compasivo y la voluntad más firme. Ya no buscas demostrar tu valía, sino refinar tu ser. Ya no mides tus pasos por la aprobación externa, sino por la voz serena de tu conciencia, esa que resuena con la Palabra hallada en el Silencio.

En este punto del camino comprendes también que la fraternidad verdadera no se basa en jerarquías, sino en el reconocimiento de que todos caminamos juntos. Al mirarte en el rostro de un hermano, ves reflejadas tus propias esperanzas y desafíos. Al extender tu mano, fortaleces no solo al otro, sino también la cadena invisible que nos une a todos bajo la bóveda celeste. Esa cadena se nutre de cada piedra pulida, de cada silencio fecundo, de cada gesto humilde.

El aprendiz que nunca deja de serlo transforma su entorno sin necesidad de alardes. Su sola presencia transmite paz, porque se ha reconciliado con sus sombras y ha abrazado su luz. En su mirada se percibe la serenidad de quien sabe que el camino es eterno y que no hay prisa, solo dedicación constante. Su obra no se limita a un templo de piedra; construye templos invisibles en los corazones de quienes lo rodean.

Por eso, al cerrar este libro, no cierres tu espíritu. Llévalo contigo como una piedra viva que seguirás puliendo cada día. Que tus pasos sean firmes, que tus manos sean generosas, que tu mente permanezca abierta y tu corazón, dispuesto. Y cuando la vida te ofrezca retos, recuerda: eres aprendiz, y en ello está tu mayor grandeza, porque siempre hay algo más que descubrir, algo más que servir, algo más que amar.

Que la luz que has encendido dentro de ti se expanda sin límites. Que el Silencio que has cultivado siga siendo tu refugio y tu fuerza. Y que, bajo la mirada del Gran Arquitecto del Universo, sigas caminando con humildad y alegría, sabiendo que el Oficio del Silencio es eterno y que tú, aprendiz para siempre, formas parte de una obra que no termina nunca, una obra que asciende, luminosa y serena, hacia la bóveda celeste.

Apéndice A

Glosario Esotérico del Aprendiz

Alquimia Interior: Proceso simbólico por el cual el Aprendiz transforma sus defectos en virtudes, sus sombras en luz, siguiendo las etapas de la Gran Obra.

Amor (en el Oficio): Fuerza integradora que guía la voluntad y da sentido a cada acción. No es simple emoción, sino entrega consciente al servicio y a la verdad.

Aprendiz Perpetuo: Actitud de humildad y apertura constante al aprendizaje, más allá de grados o títulos alcanzados.

Arte de No Romper: Principio ético del constructor espiritual que enseña a transformar sin destruir, a edificar sin dañar.

Azufre: Principio activo y transformador en la alquimia; simboliza la voluntad, la pasión y el fuego interior que impulsa la obra espiritual.

Bóveda Celeste: Imagen simbólica del universo espiritual bajo el cual trabaja el iniciado; representa la protección y la infinitud de la obra masónica.

Cadena Invisible: Vínculo espiritual que une a todos los iniciados más allá del tiempo y el espacio, recordando que la fraternidad trasciende lo visible.

Cámara de Reflexión: Espacio simbólico de introspección profunda, donde el Aprendiz se enfrenta a su propia sombra y prepara el terreno para el renacimiento interior.

Cincel: Herramienta simbólica de la palabra precisa y el discernimiento; utilizada para detallar y perfeccionar la piedra interior.

Clave de Arco: Símbolo de la unión perfecta de las fuerzas opuestas; representa el punto de máxima tensión y máxima estabilidad en el trabajo interior.

Compás: Herramienta simbólica que representa la capacidad de limitar los deseos y actuar con equilibrio y justicia.

Delta Radiante: Triángulo luminoso que simboliza la presencia de lo divino y la conciencia que observa y guía la obra.

Egrégor: Campo de energía colectiva generado por la unión de intenciones y trabajos espirituales de los iniciados; una conciencia compartida que protege y nutre.

Espejo Oscuro: Imagen interior en la que el Aprendiz contempla sus defectos y temores ocultos, enfrentando la sombra como parte de su crecimiento.

Geometría Sagrada: Lenguaje simbólico que refleja las leyes del cosmos, usado para enseñar al Aprendiz la estructura oculta de la realidad.

Gran Arquitecto del Universo: Principio supremo, fuente de luz y orden, invocado como guía y testigo de toda obra iniciática.

Guardianes del Umbral: Fuerzas simbólicas —a veces internas, a veces externas— que ponen a prueba la voluntad y la pureza de intención del Aprendiz antes de acceder a mayores verdades.

Herramientas del Taller: Objetos simbólicos —como la escuadra, el compás, el cincel y el mazo— que representan virtudes y procesos internos.

Inteligencia (en la Tríada): Facultad de discernir y organizar las fuerzas interiores, iluminando el trabajo espiritual con claridad y sabiduría.

Luz Astral: Energía sutil que envuelve al ser y al mundo; manifestación de la luz espiritual que guía y purifica.

Luz Interior: Estado de conciencia expandida que surge al integrar las experiencias y comprender los símbolos; guía del iniciado en medio de la oscuridad.

Mazo: Herramienta simbólica de la voluntad activa que permite romper las asperezas de la piedra bruta y dar inicio a la obra interior.

Mercurio: Principio mediador y volátil en la alquimia; simboliza la mente, la intuición y la capacidad de adaptarse a los cambios del proceso.

Nigredo: Primera fase de la alquimia interior, asociada con la disolución, el caos primordial y la necesaria confrontación con la propia sombra.

Oficio del Silencio: Práctica continua de reflexión, humildad y servicio, entendida como el camino eterno que lleva al Aprendiz a tallar su piedra y elevar su conciencia.

Oscuridad Fértil: Estado previo a la iluminación en el cual el Aprendiz se sumerge en el silencio y la reflexión profunda, gestando la luz interior.

Palabra Perdida: Símbolo de la verdad interior oculta que se revela en el silencio profundo y en la pureza de corazón.

Pavimento Dual: Expresión del conflicto interno entre bien y mal, caos y orden, cuya integración conduce a la maestría interior.

Pavimento Mosaico: Imagen simbólica del camino entre polaridades, blanco y negro, que enseña al Aprendiz a buscar el equilibrio en la dualidad de la vida.

Piedra Bruta: Símbolo del estado inicial del ser humano antes del trabajo iniciático; representa las potencialidades aún sin pulir.

Renacimiento Simbólico: Transformación interna posterior a la muerte simbólica de viejos patrones, permitiendo al Aprendiz vivir con una nueva conciencia.

Sal: Principio fijo de la alquimia, asociado a la base material y a la disciplina cotidiana que sostiene el trabajo espiritual.

Sendero de la Dualidad: Camino iniciático que exige reconocer, aceptar e integrar las polaridades opuestas en uno mismo para alcanzar el equilibrio.

Silencio: Estado interior de escucha profunda y receptividad, considerado herramienta esencial para acceder a la sabiduría y a la Palabra Perdida.

Templo Interior: Construcción simbólica dentro del corazón del Aprendiz, donde se edifica la virtud y se ofrece el trabajo al Gran Arquitecto del Universo.

Triada Creadora: Unión de Voluntad, Amor e Inteligencia, base de toda obra iniciática y principio activo de toda creación consciente.

Triángulo Interior: Representación de la unión equilibrada de cuerpo, mente y espíritu; base de todo crecimiento armónico.

Vibración Secreta: Energía sutil generada por el trabajo consciente y el pensamiento elevado del Aprendiz; se percibe en el corazón como una resonancia interna.

Voluntad: Fuerza motriz del trabajo iniciático, impulso que permite superar la inercia y avanzar en el pulido de la piedra interior.

Apéndice B

Tabla de Correspondencias Herméticas

Concepto Hermético	Elemento Simbólico	Principio Interno	Aplicación en el Oficio
Sal	Base fija, cuerpo, tierra	Disciplina, estructura, soporte	Cuidar el cuerpo y la rutina diaria para sostener el trabajo interior
Azufre	Fuego, chispa, transformación	Voluntad, pasión, impulso	Encender la fuerza interior y dirigirla con propósito consciente
Mercurio	Flujo, agua, aire, mediador	Mente flexible, intuición	Adaptarse a los cambios y conectar lo espiritual con lo material
Nigredo	Oscuridad, putrefacción	Purificación a través de la crisis	Afrontar la sombra y disolver viejos patrones
Albedo	Claridad, luz naciente	Iluminación, entendimiento	Integrar aprendizajes tras la oscuridad inicial
Rubedo	Rojo, culminación	Unión de lo divino y lo humano	Manifestar en la vida la obra interior realizada
Piedra Bruta	Materia sin labrar	Potencial oculto	Trabajar sobre uno mismo, limar asperezas
Piedra Cúbica	Materia perfeccionada	Armonía interior	Lograr equilibrio entre mente, cuerpo y espíritu
Escuadra	Rectitud, ángulo recto	Ética, justicia, coherencia	Medir actos y pensamientos con rectitud moral

Compás	Círculo, límite	Autocontrol, medida	Limitar excesos, trazar fronteras sanas
Delta Radiante	Triángulo con ojo	Conciencia testigo	Recordar la presencia de lo divino en toda obra
Pavimento Mosaico	Blanco y negro	Dualidad integradora	Aprender a caminar entre opuestos sin perder equilibrio
Cámara de Reflexión	Sepulcro simbólico	Introspección y renacimiento	Morir a lo viejo para renacer en lo esencial
Egrégor	Nube de energía sutil	Conciencia colectiva	Nutrir y ser nutrido por la fraternidad espiritual
Luz Interior	Llama interna	Verdad y claridad espiritual	Guiar decisiones y actos desde la esencia
Silencio	Vacío fértil	Escucha profunda	Acceder a la Palabra Perdida y a la intuición
Voluntad	Mazo del taller	Impulso activo	Perseverar en el trabajo diario de la piedra interior
Amor	Fuego suave, cohesión	Compasión y entrega	Actuar con bondad y fraternidad en toda obra
Triada Creadora	Triángulo sagrado	Voluntad, Amor, Inteligencia	Unir las tres fuerzas para la manifestación consciente

Apéndice C

Meditaciones y Trabajos Prácticos

Meditación 1: Respirar en Silencio

- **Objetivo:** Conectar con la Luz Interior.
- **Práctica:** Siéntate en un lugar tranquilo, cierra los ojos y coloca las manos sobre el corazón. Inhala profundamente contando hasta cuatro, sostén la respiración contando hasta cuatro, exhala contando hasta cuatro y descansa contando hasta cuatro. Mientras respiras, repite interiormente: *"Aquí está la luz, aquí está la paz"*. Permanece en silencio durante al menos diez minutos.

Meditación 2: La Piedra en las Manos

- **Objetivo:** Tomar conciencia de la piedra bruta interior.
- **Práctica:** Sostén una piedra sencilla en tus manos. Observa su textura, su forma, sus imperfecciones. Reflexiona en silencio sobre qué aspectos de tu vida necesitan ser tallados. Visualiza cómo cada respiración pule simbólicamente esa piedra. Termina dando gracias por la oportunidad de trabajar en ti mismo.

Meditación 3: Caminar el Pavimento Mosaico

- **Objetivo:** Reconocer e integrar la dualidad.
- **Práctica:** Imagina un camino formado por cuadros blancos y negros. Camina lentamente sobre él en tu visualización. Con cada paso, observa pensamientos positivos y negativos surgir. No los rechaces ni los abraces, solo reconócelos. Permanece en equilibrio hasta sentir que ambos forman parte de un mismo camino.

Meditación 4: El Fuego del Azufre y el Agua del Mercurio

- **Objetivo:** Activar y equilibrar la voluntad y la intuición.
- **Práctica:** Visualiza una llama dorada en el centro de tu pecho (Azufre) y, al mismo tiempo, un flujo de agua plateada descendiendo desde tu coronilla (Mercurio). Siente cómo ambas energías se encuentran y se armonizan. Permanece con esa sensación de equilibrio por unos minutos.

Trabajo Práctico 1: Diario del Oficio

- **Instrucciones:** Dedica cada noche unos minutos para escribir en un cuaderno especial. Anota las piedras que puliste ese día: decisiones acertadas, errores reconocidos, actos de servicio, momentos de silencio fecundo. Revisa tus notas al final de cada mes para reconocer tu avance.

Trabajo Práctico 2: El Taller en el Hogar

- **Instrucciones:** Elige un espacio de tu casa y conságralo como tu Taller interior. Puede ser un rincón con una vela, una planta, o una piedra. Dedica unos minutos cada día a sentarte allí para meditar o reflexionar. Con el tiempo, ese espacio se cargará de tu vibración y se convertirá en un lugar de renovación espiritual.

Trabajo Práctico 3: Servicio Silencioso

- **Instrucciones:** Durante una semana, realiza un acto de bondad cada día sin mencionarlo a nadie. Puede ser ayudar a alguien, limpiar un espacio común o escuchar a quien lo necesite. Este servicio silencioso es una ofrenda al Templo invisible y fortalece el vínculo con el Oficio.

Trabajo Práctico 4: El Círculo de la Escuadra

- **Instrucciones:** Traza un círculo imaginario en el suelo y siéntate en su centro. Con la mente, coloca en ese círculo tus intenciones más nobles y tus defectos a corregir. Usa la escuadra simbólica para medirlos: ¿qué tan rectos son tus pensamientos y acciones? Ajusta lo necesario y repite este ejercicio cada luna nueva.

Apéndice D

Lecturas Recomendadas

Estas obras han iluminado a generaciones de buscadores y ofrecen perspectivas complementarias para profundizar en el Oficio del Silencio y en el camino iniciático. No son manuales cerrados, sino compañeros de viaje que invitan a la reflexión y a la práctica constante.

Textos Clásicos de la Tradición Masónica

- **"Morals and Dogma"** de Albert Pike – Una obra fundamental del Rito Escocés Antiguo y Aceptado, rica en simbolismo y referencias filosóficas.
- **"La Masonería, su esencia y misión"** de Oswald Wirth – Un texto imprescindible para comprender el aspecto esotérico y espiritual de la Orden.
- **"La cadena de unión"** de Jean-Marie Ragon – Aborda el sentido profundo de la fraternidad y el vínculo invisible entre los iniciados.

Filosofía Hermética y Alquímica

- **"El Kybalion"** de Tres Iniciados – Introducción clara y profunda a los principios herméticos que sustentan el trabajo interior.
- **"Las Moradas Filosofales"** de Fulcanelli – Un estudio sobre la alquimia como vía de autoconocimiento y transmutación espiritual.
- **"La Tabla de Esmeralda"** (tradición hermética) – Breve pero poderosa, resume principios universales para la obra interior.

Kabbalah y Simbolismo

- **"El Zohar"** (fragmentos seleccionados) – Fuente inagotable de meditación cabalística que ilumina la estructura oculta de la creación.
- **"La Kabbale Mystique"** de Papus – Introducción sencilla y profunda a la Kabbalah para aplicarla en el camino iniciático.

Textos Contemporáneos de Reflexión Iniciática

- **"El mensaje reencontrado"** de Louis Cattiaux – Un texto meditativo que invita a la búsqueda de la Verdad interior.
- **"Cartas sobre la meditación y el silencio"** de diversos autores masónicos – Recopilaciones modernas sobre la práctica del silencio y la introspección.

Sabidurías Afines

- **"El Arte de la Guerra"** de Sun Tzu – Aunque no es masónico, su visión sobre estrategia interior y autocontrol resulta inspiradora para el Aprendiz.
- **"Tao Te Ching"** de Lao-Tsé – Un canto a la sencillez, el vacío fértil y el equilibrio, claves del Oficio del Silencio.

Estas lecturas no sustituyen la práctica; son semillas que, al caer en la tierra fértil del corazón, pueden brotar en comprensión y luz. Lee con paciencia, medita sobre lo leído y deja que cada texto hable a tu interior como un hermano mayor que comparte su experiencia bajo la bóveda celeste.

Made in the USA
Coppell, TX
18 February 2026